Karam Khella

Krieg
Von den Kreuzzügen bis zur
Invasion Afrikas und Asiens
Zeitraum 750-1885

Krieg
Von den Kreuzzügen bis zur
Invasion Afrikas und Asiens
Zeitraum 750-1885

– 2. überarbeitete Auflage 2016 –
ISBN 978-3-939710-03-5

Theorie und Praxis Verlag
Goldbachstr. 2
D 22765 Hamburg
Tel: 040 – 38 61 38 49

info@tup-verlag.com
www. tup-verlag.com

Inhaltsverzeichnis

4. Geschichte des Krieges (1)

5. Der europäische Krieg gegen die Welt

6. Geschichte des Krieges (2)
Aufstieg und Niedergang des Kolonialismus

Geschichte des Krieges (3)
Entwicklungen in Europa –
Europäische Einigung gegen den Rest der Welt

8. Aufstieg des deutschen Imperialismus

9. Die Kolonialkongresse und die Koordination des totalen Angriffs auf den Süden (1)

10. Der englische Imperialismus und die Invasion Ägyptens „Ruin of Egypt“ (2)

11. Europa vereint sich zum totalen Krieg gegen Afrika (2)

12. Entwicklungen nach 1900

VORWORT

Das vorliegende Buch ist aus universitären Lehrveranstaltungen, die im letzten Jahrzehnt des zwanzigsten und dem ersten Jahrzehnt des einundzwanzigsten Jahrhunderts stattgefunden haben, hervorgegangen. Bei der Aufbereitung des Manuskriptes für den Druck habe ich mich bemüht, Erläuterungen zu Begriffen hinzuzufügen, die außerhalb historischer und politikwissenschaftlicher Seminare nicht als vertraut anzunehmen sind. Ziel ist, daß keine Leseprobleme aufkommen sollen.

Insgesamt ist der Stil verständnisorientiert. Vorkenntnisse werden nicht vorausgesetzt. Gleichwohl habe ich mich bemüht, nicht mehr als notwendig in den ursprünglichen Vortragsstil einzugreifen. Der Charakter mündlich vorgetragener Vorlesungen bleibt erhalten. Dadurch sollte die gedruckte Fassung ihre Authentizität wahren. Vor diesem Hintergrund versteht sich, daß gewisse Wiederholungen nicht in jedem Fall zu vermeiden waren. Jede Vorlesung muß gleich am Anfang den Anschluß an die vorausgegangene herstellen, den Faden wieder aufgreifen und fortsetzen. Am Ende einer Vorlesung wird die nächste vorangekündigt und eingeleitet. Ich hoffe, daß diese Stellen, sollten sie auffällig sein, nicht weiter stören. Sie sind gerade dort belassen worden, wo eine Betonung angebracht ist und hilfreich sein könnte.

Niemand spricht gern über den Krieg. Die Menschen leben im Krieg, aber wenn das Thema angesprochen wird, wenden sie sich ab. Die hier dokumentierten Lehrveranstaltungen sind auf Grund einer studentischen Initiative entstanden. Es waren Studierende, die ausdrücklich darum gebeten haben, das Thema „Krieg“ zum Gegenstand einer Lehrveranstaltung zu planen. Anlaß dazu waren Thesen, die ich im Zusammenhang eines historischen Seminars rasch angeschnitten habe, ohne sie in den Mittelpunkt der Erörterung zu stellen. Als der studentische Wunsch an mich herangetragen wurde, habe ich die Notwendigkeit sofort eingesehen. Ich bin gern auf diesen Auftrag eingegangen. Ich nahm aber auch an, daß die Thematik kein erfreuliches Seminarklima schaffen würde.

Was den letzten Punkt angeht, wurde ich in meiner Erwartung enttäuscht, erfreulich enttäuscht. Entgegen meinen Befürchtungen war die Seminarsequenz ein sehr positives Erlebnis. Die Betroffenheit war sehr groß. Die Seminare zu den Vorlesungen (bei einer Vorlesung wird gewöhnlich nicht diskutiert; bei den Seminaren hingegen schon) haben sich für alle Teilnehmerinnen und Teilnehmer, aber auch für mich persönlich als sehr hilfreich erwiesen. Wie überhaupt in diesem hochmilitarisierten Zeitalter waren die Lehrveranstaltungen von realen Kriegen begleitet. Aggressive Staaten greifen friedfertige Völker an. Vorlesungen und Seminare haben uns allen geholfen, mit den schrecklichen Nachrichten besser umzugehen. Im Rahmen des Seminars wurden sogar Solidaritätsaktionen und praktische Hilfsmaßnahmen für militärisch heimgesuchte Länder besprochen und praktiziert. Über ihre fachliche Bedeutung hinaus haben sich die Seminare als eine tiefe und bleibende Solidaritätserfahrung erwiesen. Diese Tatsache ist den Teilnehmerinnen und Teilnehmern des Seminars zu verdanken.

An mich wurde wiederholt der Wunsch herangetragen, die Manuskripte zum Vorlesungszyklus zu publizieren. Die Kommilitoninnen und Kommilitonen haben die Initiative ergriffen, die von mir vorgetragenen Vorlesungen auf Tonträger aufzunehmen und zu transkribieren. Damit wurde ein entscheidender Schritt geleistet, um den Lehrstoff für eine Publikation aufzubereiten. Allen Mitarbeiterinnen und Mitarbeitern bin ich für ihren Einsatz zu tiefstem und herzlichem Dank verpflichtet.

Wir alle leben im Krieg. Er schien auch bis in den universitären Betrieb zu expandieren. Daß diese Lehrveranstaltungen nicht unwidersprochen stattfinden würden, hatte ich erwartet. Es wunderte mich jedoch, wie einfach die verfassungsmäßig verbriefte Freiheit von Lehre und Forschung plötzlich wie ein Papierfetzen ignoriert wurde. Sie besteht nur dort, wo die Lehrmeinung konform bleibt.

Noch stärker überrascht war ich bei Angriffen über den Grad und die Intensität des Beistandes, den ich innerhalb und außerhalb der Universitäten erfahren habe. Die Unterstützung und Solidarität, die mir von studentischer Seite, von einem Großteil der Kolleginnen und Kollegen und von der breiten Öffentlichkeit zuteil geworden sind (dazu gibt es Dokumentationen der Asten und Studentenparlamente), haben meine Erwartungen übertroffen.

Nachträglich ist festzustellen, daß der Krieg gegen ein Seminar über den Krieg dem großartigen Erlebnis der fachlichen Kommunikation keinen Abbruch tut.

Mit dieser Publikation erweitert sich der Kreis derer, die an diesem Lehr- und Lernerlebnis teilnehmen können. In diesem Band werden die Vorlesungen zusammen mit den im Anschluß daran geführten Diskussionen dokumentiert.

Der Schwerpunkt des vorliegenden Buches sind die Wirkungen von Kolonialismus und Imperialismus in der arabischen und afrikanischen Welt. Die imperialistischen Aggressionen gegen andere Weltteile, insbesondere Süd- und Mittel-Amerika, Asien sowie Australien bleiben weiteren Werken vorbehalten.

Seit Bestehen des Krieges steht die Menschheit vor keiner wichtigeren Aufgabe, als ihn zu ächten, seine Folgen zu beseitigen und ihn für immer unmöglich zu machen. Ich hoffe sehr, daß dieses Buch zu diesen Bemühungen beiträgt. Seine Inhalte behandeln sowohl die Geschichte als auch die gegenwärtige Realität des Kriegs. Sie sind notwendig für die Praxis zu seiner Verhinderung, für die Orientierung friedensbewegter Menschen und für die Antikriegsbewegung. Mögen Leserinnen, Leser und Autor dafür mit aller Kraft eintreten.

Karam Khella

1. Einleitung
Reden über den Krieg

I. Aggressive Linguistik
II. Euphemismus
III. (...) ismus
IV. Kriminelle Sprachästhetik
V. Semantische Gewalt
VI. Das Gewaltverhältnis schlägt in semantische Gewalt um
VII. Irrationalität des Krieges
VIII. Kriegsliteratur ist selbst Krieg

Ein bekannter Spruch besagt: „Krieg ist der Vater aller Dinge".
Das ist unrichtig. Richtig ist: „Krieg ist der Vater aller Übel".[1]

---

1 „Der Krieg ist der Vater aller Dinge" ist von Heraklit. Das Fragment lautet:
„Der Krieg ist der Vater aller Dinge,
„Der Krieg ist der Vater aller Dinge,
aller Dinge König.
Die einen macht er zu Göttern,
die anderen zu Menschen,
die einen zu Sklaven,
die anderen zu Herren".
Heraklit, deutsch in: Fragmente der Vorsokratiker, hg. Diels, 1903.

I. Aggressive Linguistik

Der Imperialismus schuf den Militarismus und verabsolutierte die Gewalt als das Mittel der Politik. Die Gewalt ist nicht auf die Waffen und ihren Gebrauch beschränkt geblieben. Vielmehr hat die Gewalt alle Institutionen und Strukturen der imperialistischen Kultur durchdrungen. Die Sprache wird nicht ausgenommen. Die imperialistische Gewalt schlug in semantische Gewalt um. Sie prägt jeden Begriff im Imperialismus. In ihm bedeutet auch der Ausdruck „Frieden“ „Krieg“. Der Imperialismus zerstört alles. Er zerstört auch die Sprache, damit über die Zerstörung nicht gesprochen wird. Die Sprache wird nicht stumm, sie kehrt aber alles um. Alles erscheint diffus. Niemand blickt durch.

Imperialismus zerstört die Philosophie und das Denken überhaupt. Er zerstört die Hoffnungen. Skeptizismus dominiert. Pessimismus herrscht.

Wir befinden uns mitten in der Kriegsepoche. Der Krieg zerstört vieles, eigentlich alles. Im Zeitalter des Imperialismus leben, heißt in der Epoche der Zerstörung zu sein.
Die Aggressoren zerstören auch die Geschichte und ihre Schreibung.
Darum ist unser Seminar ein Seminar zur Geschichtsrevision.
Der Imperialismus will die Geschichtsrevision verbieten, um sich selbst zu legitimieren. Wir trotzen. Wir stehen nicht unter Legitimationszwang. Wir ernennen uns selbst zu Suchenden nach der Wahrheit, die in den Trümmern der Geschichtsschreibung verlorengegangen ist.

Der Imperialismus hat die Wahrheit zerstört. Sie verschwindet.
Richtig ist falsch. Falsch ist richtig.
Der Imperialismus vernichtet Menschen, zerstört die Kultur. Die Linguistik des Krieges ist bestrebt, das Opfer auch im Bewußtsein der Menschen vermittels der Sprache zu zerstören.

Man spricht
nicht von „Mord- und Raubüberfällen“, sondern von „humanitärer Intervention“,
nicht von „Aggression“, sondern von „Einsätzen der Bundeswehr“,
nicht von „Invasion“, sondern von „Mission“,
nicht von „Massaker“, sondern von „(chirurgischer) Operation“
usw.

In den europäischen Sprachen, welche im Zeichen des Imperialismus geprägt wurden, fehlt das Ausdrucksvermögen, Unrecht und Gewalttätigkeiten gegen Völker adäquat zu beschreiben. Diese Sprachen sind im Schoß des Militarismus erwachsen. In ihrer Geschichte wurde nie ein ernster Versuch unternommen, den eigenen Staatsterrorismus und die Kriegsverbrechen gegen andere Völker zu beschreiben. Daher konnte sich keine Sprache entwickeln, die die Gewalttätigkeiten gegen Massen angemessen zu beschreiben in der Lage wäre.

II. Euphemismus

„Euphemismus“ ist „Beschönigung“. Die euphemische Beschreibung stellt Häßliches als schön oder weniger unangenehm dar.

Der militärische Euphemismus ist ein Produkt des Imperialismus. Wenn man versucht, die Kriegsverbrechen des Imperialismus angemessen zu beschreiben, ist man zuallererst mit dem Problem der Sprache konfrontiert. Dem Ausdrucksvermögen werden dadurch Grenzen gesetzt. Diese Tatsache liegt daran, daß die abscheulichen Taten von Aggression und Krieg jedes Vorstellungsvermögen übersteigen. Die Sprache hinkt der Realität hinterher.

Bei der Benutzung eines europäischen Mediums stellt sich das Problem der verbalen Vermittlung von Kriegsereignissen am härtesten dar, weil bisher keine entsprechende Vorprägung der Sprache vorliegt.
Die europäischen Sprachen sind durch Kolonialismus und Imperialismus geprägt worden. Sie setzten den Euphemismus als Kommunikationsmittel ein, um die Menschen in bezug auf die Verbrechen zu desensibilisieren. Das Mittel der menschlichen Kommunikation, die Sprache, wurde für diesen Zweck voll instrumentalisiert: Schlachtfelder, Fronten und Kriegsverbrechen werden in angenehme Sprache verpackt. Die Medien präsentieren sie als Meldung unter anderen. Zwischen Sportnachrichten und Wettervorhersage wird eine verschleierte Information über den Krieg gebracht. Der Euphemismus ästhetisiert den Krieg. Die Nachrichtenempfänger können die Tagesschau beim Abendessen einschalten, ohne sich dabei gestört zu fühlen. Der Euphemismus ist eine Erfindung des Militarismus, das Werkzeug des Imperialismus.

Im Angesicht der technischen Entwicklung der Telekommunikation haben die Aggressoren ihre Methoden der Information entsprechend angepaßt. Berichten müssen sie schon. Die militaristische Sprachforschung trägt den neuen Anforderungen Rechnung. Die Sprache mit ihrer Lexik, Semantik und ihren Ausdrucksmitteln wurde so geprägt, daß sie als Propagandaträger dem Militarismus voll dienlich ist. Der Euphemismus bewährt sich bei der Manipulation unter den aktuellen Bedingungen, bei denen Gegenquellen nicht total ausgeschaltet werden können.

Im Westen wurde eine Sprache entwickelt, die das Verbrechen gegen Völker kaschiert, beschönigt oder gar legitimiert. Wird überhaupt der Versuch unternommen, über Gewalttätigkeiten der Aggressoren zu berichten, so werden Kriegsverbrechen verharmlost und entschuldigt oder gar heroisiert. Verbrechen werden höchstens als Entgleisungen und wenn überhaupt, nur nebenbei erwähnt.
Die Aggressoren selbst, die Gewalt ausüben, empfinden weder Leid noch Mitleid, weder Schmerz noch Mitgefühl. Womöglich genießen sie die Ausübung von Gewalt und Verbrechen gegen die Menschlichkeit, zumindest haben sie nichts dagegen. Der Euphemismus deckt sich mit ihren Einstellungen zu militärischen Handlungen, die wir als Kriegsverbrechen verurteilen.

Zu den Methoden des Euphemismus gehört die Verschleierung. *Beispiel*: Wenn Italien die äthiopische Nation angreift, den Genozid gegen friedfertige Völker betreibt, geht dieses Verbrechen gegen die Menschlichkeit höchstens als „italienisch-äthiopischer Krieg“ in die eurozentristische Geschichtsschreibung ein. Bei dieser Formulierung stehen „Italien“ und „Äthiopien“ nebeneinander, als hätten sie gleichen Anteil an der Entfesselung des Krieges. Es wird nicht unterschieden zwischen „Täter“ und „Opfer“. Diese Methode des Euphemismus durch Verschleierung ist nicht nur für die Medien, sondern selbst für die Fachliteratur typisch. Allgemein spricht die westliche Literatur von „Kongo-Agitation“ (seit 1885), „Marokko-Krise“ (1907-12), „Suezkrise“ (1956) u.v.a.m.

Es heißt: „Koreakrieg“, „Vietnamkrieg“, „Golfkrieg“, „Libanonkrieg“. Das sind Beispiele von *brainwashing*. Koreaner, Vietnamesen und Araber sind ausgesprochen friedfertige Völker. Hier werden sie nur in Verbindung mit Krieg genannt. Den Krieg haben sie aber weder gewollt noch angezettelt. Sie sind Opfer einer Aggression geworden, die ihr Leben, ihre Produktion und ihre Kultur zerstört.
Ausdrücke wie „Vietnamkrieg“ geben nicht zu erkennen, wer Täter und wer Opfer ist.
Es sollte heißen: „US-Überfall auf Korea“, „US-Aggression gegen Vietnam“, „israelische Aggression gegen den Libanon“, „US-Aggression gegen den Irak“ usw. So muß es im Geschichtswerk und Schulbuch stehen, damit jeder wissen kann, wer Verbrecher und wer Opfer des Verbrechens ist. Die Geschichtsmanipulation beginnt mit der Sprache. Die gewählte

Sprache bei den erwähnten Beispielen läßt kein Unrechtsbewußtsein aufkommen. Die Sprache über den Krieg ist selbst Krieg.

Bei all diesen und den späteren Kriegen der USA und der NATO-Staaten handelt es sich um Angriffskriege, Aggressionen, Invasionen und Raub. Für keinen der Kriege gab es Gründe, welche die Aggression rechtfertigen. Diese grausame Tatsache geht aus dem Bewußtsein der Schüler, Studierenden und überhaupt der Leserschaft verloren. Ein Unrechtsbewußtsein besteht weder bei Lehrenden und noch weniger bei Lernenden.

Interessant ist der Wechsel der Propagandamuster, die von militärischen Informations- und Kommunikationsfachleuten entwickelt und regelmäßig auf ihre öffentliche Wirksamkeit geprüft und effektiviert werden. Die Aggression gegen Somalia wurde in den Medien als „humane Intervention“ bezeichnet. Die Aggression gegen den Irak (1991) wurde als „Krieg für den Frieden“ gemeldet.
Diese militärische Sprache ist nicht ganz neu. Auch früher sagte man „Frieden“ und meinte „Krieg“. In der Neuzeit, aber erst im zwanzigsten Jahrhundert, wurden die Informations- und Kommunikationstheorien unter Anwendung soziolinguistischer und empirischer Methoden für die Zwecke der Manipulation und der öffentlichen Militarisierung weiterentwickelt.
Kommunikationstheoretiker rieten, Ausdrücke wie „Aggression“ und „Krieg“ nicht für die eigenen militärischen Handlungen zu verwenden, sondern diese ausschließlich für Agitationszwecke als Handlungen des Feindes einzusetzen. Neu ist auch das Ausmaß der damit einhergehenden, öffentlich wirksamen Hirnwäsche.

Noch 1882 sprach England ganz offen vom *„Ruin of Egypt“*, griff Ägypten an und zerstörte seine Errungenschaften. Auf dem Boden des Fortschritts und des grünenden Parks des Nilbeckens dehnte sich verbrannte Erde aus. Mehr als ein Jahrhundert später hat England zusammen mit den USA und anderen NATO-Staaten den Irak angegriffen. Die Aggressoren bewirkten den buchstäblichen Ruin des Iraks, eines der anerkanntermaßen fortgeschrittensten Staaten des Südens und der Welt überhaupt. Aber die Kriegspropaganda erwähnt mit keinem Wort einen *„Ruin of Iraq“*.

Für die Aggression gegen den Irak wurde der Ausdruck „Krieg“ durch eine Vielfalt von Wortschöpfungen ersetzt: „Operation“, „Krise“ u.ä. Wenn die Rede vom Krieg ist, wird nicht von Aggressionen gegen den Irak und das irakische Volk, sondern vom „Golfkrieg“ gesprochen. Die

Leitmeldung lautete „Krieg für den Frieden des Iraks“. Sonst wurde das Wort Krieg möglichst vermieden. Die Medien sprachen von „Mission“, „chirurgischem Eingriff“, „Friedensmission“ u.a.m. Die europäischen und US-amerikanischen Medien referierten, daß die „Intervention“ das Ziel habe, „Demokratie und Menschenrechte im Irak herzustellen“.

Heute nennt die NATO ihre militärischen Aggressionen und Invasionen so gut wie nie „Krieg“, sondern nur noch „Friedensschaffung“, „Friedenserhaltung“, „Friedenssicherung“, „Wiederherstellung des Friedens“; eine Nomenklatur, die inzwischen etabliert wurde, wie ich an den neuesten Publikationen der NATO, die mir vorliegen, sehe. Sie sind so verfaßt, als werden sie für Analphabeten geschrieben.

Die Völker werden mehrfach vergewaltigt: Durch die Aggression, durch Unterdrückung, durch Ausbeutung und durch die Geschichtsdarstellung. Die Berichterstattung ist Brutalität gegen die Völker. Das Geschichtswerk ist Gewalt.
Die Gewalt geht in die imperialistischen Sprachen ein. Die militärische Gewalt schlägt in semantische Gewalt um. Der Imperialismus reproduziert Gewalt: In jeder Handlung, in jedem Wort.
Nicht nur Medien und Trivialliteratur verharmlosen den Völkermord und die Verbrechen gegen Menschenmassen. Auch Theoretiker und Historiker manipulieren Geschichte unter anderem durch die Verwendung einer Sprache, die nicht sensibilisiert, sondern desensibilisiert. Entweder manipulieren sie bewußt, oder sie sind nur manipulierte Manipulatoren.

Mit Hilfe des Euphemismus wird die Sensibilität der Menschen in den imperialistischen Staaten total abgestumpft. Wie gesagt, man berichtet nicht von Überfall, Raub, Mord und Genozid, sondern von „Einsatz“, „Operation“, „Mission“, „Friedensmission“, „Krise“. Während europäische Truppen gegenwärtig in allen Kontinenten Mord und Raub begehen, berichten ihre Medien von Friedensmissionen und Hilfestellung. Sie verwenden eine Sprache, die nicht an Unrecht, Gewalt, Grausamkeit und Massenmord erinnert, sondern einen menschlichen Beistand suggeriert. Auch bei ganz offensichtlichen Angriffskriegen bemühen sich die Wortsprachschöpfer um betäubende Formulierungen wie z.B. „humanitäre Intervention“.

Eine „Aggression“ ist völkerrechtlich ein Kriegsverbrechen höchsten Grades. Seine Aggressionen nennt der Imperialismus anders. Bei massiven Angriffen sprechen seine politischen Vertreter nicht von „Aggression“, sondern von „Erstschlag“, „Ersteinsatz“. Da der Imperialismus auch die internationalen Institutionen beherrscht, wird er dafür nicht bestraft. Völkerrechtlich imponierende Vokabeln wurden für diesen Zweck erfunden. Bei dem Angriffskrieg wird von „Präventiv-" oder „Protektivkrieg" gesprochen. So leicht wird das größte Verbrechen, das überhaupt begangen werden kann, nämlich der Krieg, legitimiert.

III. (...) ismus

Es werden Abstraktionen gebildet, welche die Verbrecher und ihre Kriminalität anonymisieren, sie scheinbar verfachlichen und als historische Notwendigkeit, ja als Fortschritt erscheinen lassen. Davon einige Proben:

„Kolonialismus",
„Kapitalismus",
„Imperialismus"
und viele andere „Ismen".

Es sind abstrakte Begriffe, die geeignet sind die Schuldigen, die Verbrecher, zu entlasten. Weder werden die Verbrechen noch die Verbrecher namentlich genannt noch sind die Täter faßbar. Denn den „Ismus" gibt es überall und nirgends.

Es sind dieselben Sprachen, in denen kodifizierte Rechtsgrundsätze gelten. Ein Einzeltäter wird als Dieb oder Mörder bezeichnet. Ein „Raub" wird als „Raub" definiert und z.B. nicht als „Eigentumsübertragung". „Tötung" wird „Mord" genannt und nicht als „Gottes Wille" verschleiert. Aber diese Sprachen oder ihre Pfleger haben keine Empfindung, entsprechend keine Begrifflichkeit, konsequent keine Verurteilung der *eigenen* Verbrechen gegen Massen und Völker.

Parallel zu ihrem kriminellen Vorgehen gegen die Völker der Welt pflegen die imperialistischen Staaten gewisse Rechte und Standards im eigenen Machtbereich. Sie erheben Ansprüche wie „Sozialstaat", „Rechtsstaat", „Wohlfahrtspflege", „gesundheitliche Versorgung", „Demokratie" und anderes mehr. Auf die soziale Versorgung besteht Rechtsanspruch.
Es sind dieselben Staaten, die andere Völker schänden, ihre Existenzbedingungen und Lebensgrundlagen zerstören. Die Aggressoren ruinieren deren Leben und Gesundheit – im eigenen Land hingegen bieten sie gewisse Standards der gesundheitlichen Versorgung.
Es sind dieselben Staaten, die andere Völker angreifen, dabei jedes Recht brechen, soziale Strukturen zerstören, Krankheiten und Tod bringen.

Die Verhaltensweisen dies- und jenseits ihrer nationalen Grenzen schließen einander aus – für sie ist dieser Antagonismus dennoch vereinbar. Bei dieser Widersprüchlichkeit empfinden sie keine Skrupel. Eine Unverträglichkeit beider Verhaltensweisen empfinden sie nicht.

Damit aber die Unvereinbarkeit konträrer Verhaltensweisen im Bewußtsein der Menschen aufgehoben wird, wird die Sprache instrumentalisiert. Die Sprache ist kein humanes Medium der Kommunikation mehr, sondern nur noch ein Mittel der Manipulation und der Hirnwäsche. Die Sprache gehört zu den Waffen der Kriegsmacher.

Die Prägung geeigneter Begriffe zum Zwecke der Kriegspsychologie ist eine Aufgabe für Wissenschaftler, Kommunikationstheoretiker, Informationsforscher, Massenpsychologen und andere. Der „Ismus" ist ein typischer Ausdruck des Akademismus.

Kapitalismus tötet die Menschen. Der Imperialismus begeht Massenmord.
Wer trägt die Verantwortung dafür?
Der „Ismus" natürlich!

Der „Kapitalismus" entsichert kein Gewehr. Das Monopolkapital erschießt keinen Menschen, da es keine biologische Struktur mit einer Anatomie, die Geräte bedienen kann, darstellt. Nur der Mensch kann es tun, auch wenn er kein Multimillionär ist. Nur Menschen können andere Menschen töten. Mörder sind Personen, die an den Pranger gehören. Die Opfer sind Menschen, denen Unrecht geschah und geschieht. Die Verbrechen sind ungesühnt. Wer hat sie begangen?

„Imperialismuskritik muß sein!", sagt Ihr. Sehr richtig, sage ich. Nun aber: wen klagen wir an? Den Imperialismus gibt es überall. Nirgends ist er in konkreter Gestalt sichtbar. Durch die abstrakte Imperialismuskritik fühlt sich niemand angeklagt oder gar beleidigt. Wie jeder „Ismus" ist er anonym, neutral, unschuldig, akademisch, wissenschaftsfähig.

Dem „(...)ismus" die Schuld in die Schuhe zu schieben, heißt die wahren Verbrecher schonen. Sie laufen ungestraft herum. Sie machen weiter, von der „Wissenschaft" gedeckt, von den Geschichtsschreibern verhüllt, von der Sprache getarnt.
Hier liegt kein Plädoyer zur Abschaffung des Suffixes „-ismus" vor, obwohl er zu den am meisten mißbrauchten Silben der Wortbildung zählt. Wir machen hier auf die Anatomie der Manipulation und Hirnwä-

sche aufmerksam, aber auch darauf, wie der Imperialismus sämtliche intellektuellen Fähigkeiten zu Waffen für seinen Krieg umwandelt. Dabei bleibt der Mensch seine wichtigste Waffe, denn er produziert alle anderen Waffen.

Zum Thema „Ismus" sei zusammenfassend gesagt das ein sprachbewußter Mensch sparsam mit dem Gebrauch von „Ismen" sein soll. Auf jeden Fall gilt es, erst den Sachverhalt konkret darzustellen, bevor er durch den „Ismus" verschleiert wird. Der Hörer muß klar wissen, was durch einen „Ismus" beabsichtigt ist.

IV. Kriminelle Sprachästhetik

Mord ist das absolute Verbrechen, das nicht weiter steigerungsfähig ist. Das Auslöschen eines Lebens ist für das Opfer das Ende.

Nur Aggressoren sind in der Lage, das Kriminalitätsmaximum zu übertreffen – zum einen quantitativ, zum anderen qualitativ – denn sie zerstören die Lebensbedingungen für alle Organismen einschließlich des Menschen, und zwar auf Generationen hinaus. Heute noch sterben Menschen infolge von Kriegen, die vor über vierhundert Jahren stattgefunden haben. Die Aggressoren zerstören Literatur, Kultur, Kunst und Wissenschaft. Sie schaffen verbrannte Erde. Sie zerstören das Denken und die Köpfe.

Schauen wir uns die Kriegsberichterstattung an. Sie benutzt eine Sprache, welche über den Krieg ähnlich wie über den Sport berichtet. Ausdrücke wie „Verbrechen" und „Verbrecher" werden kaum verwendet bzw. wenn, für die Seite der Opfer benutzt Die Zuschauer des Fernsehens, die Hörer des Rundfunks und die Leser einer Zeitung im imperialistischen Staat zeigen kaum Betroffenheit, Mitgefühl oder Mitleid für die Opfer. Daß es so ist, demonstriert einen extremen moralischen Verfall, der nicht naturwüchsig, sondern anerzogen ist. Die Medien tragen entscheidend dazu bei.

Eigentlich gibt es kein Sprachmittel, das ausreicht, die unvorstellbaren Kriegsverbrechen, die täglich begangen werden, zu beschreiben. Wenigstens aber müßten die vorhandenen Ausdrucksformen ausgeschöpft werden.

Ein extremer Fall von krimineller Sprachästhetik begegnet uns, wenn das Thema „Annihilation" behandelt wird. Das Auslöschen ganzer Völker ist das größte Verbrechen, zu dem Menschen je fähig sein können. Die authentischen Bewohner eines Gebietes oder eines Landes wurden von weißen Siedlern systematisch massakriert und nach Plan ausgerottet. Weite Territorien wurden entvölkert, ohne daß dieses Vorgehen notwendig wäre; Platz hätte es für alle gegeben.
Die Annihilations-Verbrechen stellen eigentlich keinen Gegenstand der europäischen Geschichtsforschung dar. Nur gelegentlich wird von Außenseitern darauf Bezug genommen. Aber selbst diese Dissidenten verwenden eine euphemische Sprache, die kaum geeignet ist, das größte Verbrechen der Menschheitsgeschichte bewusst zu machen.

Zur Bezeichnung eines Annihilationsverbrechens haben die Weißen den Ausdruck ***„ethnische Säuberung"*** geprägt. Er bezeichnet die Massenvertreibung oder das totale Auslöschen von Völkern und Gemeinschaften, damit Platz für weiße Siedler – ohne die Einheimischen – geschaffen wird.
Beispiele: Die Völker des amerikanischen Doppelkontinents, Australiens, Neuseelands, mehrerer Südsee-Inseln, weiter Gebiete Afrikas und Asiens sowie Europas und großer Teile Palästinas.

Man gewöhnte sich daran, Annihilation, Vertreibung und Hungerblockaden als „ethnische Säuberung" zu bezeichnen. Selbst kritische Autoren wollen auf den Ausdruck nicht verzichten. Ich räume ein, daß es einen Unterschied macht, ob jemand den Befehl zur „ethnischen Säuberung" erteilt oder ob Autoren von „ethnischer Säuberung" sprechen, um dieses Vorgehen zu kritisieren. Diesen Ausdruck in Parenthesen oder Anführungsstriche zu setzen, ändert am grundsätzlichen Zynismus und Gefühllosigkeit nichts.

Kritische Autoren sollten die Begrifflichkeit des Imperialismus und seine kriminelle Sprachästhetik nicht reproduzieren. Diese Ausdrucksweise beschönigt kriminelle Handlungen, kaschiert das Verbrechen und zerstört damit das Unrechtsbewußtsein. Die Täter bleiben dabei salonfähig und die Autoren teilen ungewollt den Zynismus der Täter.
Auf keinen Fall darf man die Sprache der Täter nachahmen. Man muß sie verurteilen, denn ihre Sprache ist Teil des Verbrechens. Die Sprache dient dazu, die Leserschaft zu sensibilisieren oder zu desensibilisieren.

Euphemismus und kriminelle Sprachästhetik werden nur noch durch die Methode der „Amnesie" übertroffen. Von den vernichteten Völkern wird schlicht nicht gesprochen, als hätte es sie nie gegeben. Die Täter sprechen nicht von ihren Opfern. Sie sorgen dafür, daß keine Zeugen der radikalen Vernichtung übrigbleiben und Augenzeugen für immer verschwinden. Völker werden nicht nur real ausgerottet, sondern auch aus dem Gedächtnis ausgelöscht – als hätte es sie nie gegeben.

Für diesen Annihilationsextremismus nenne ich als Beispiel die Vernichtung von zwanzig muslimischen Völkern, die auf dem Gebiet östlich des Balkans bis zur Westgrenze der UdSSR gelebt haben. Sie wurden vom Deutschen Reich im Zeitraum von 1939 bis 1945 vernichtet. Ihre Lebensräume erstreckten sich von der Ostsee im Norden bis zum Schwarzen Meer im Süden.
Sicher besteht auch heute noch Aktenmaterial darüber – aber unzugänglich. Mehr über Identität, Statistiken und gesellschaftliches Leben bis zur Vernichtung der muslimischen Völker im Deutschen Reich bis 1945 würde sich ergeben, wenn die Archive, u.a. des Ex-Instituts für deutsche Ostarbeit in Frankfurt am Main, vollständig geöffnet würden.

Kenntnis von Annihilationsverbrechen kommen oft zufällig zutage. Bei Ausgrabungen oder Naturereignissen treten Massengräber und sterbliche Überreste des Genozids an die Erdoberfläche. Bei Bauarbeiten oder gezielter Suche nach archäologischem Material werden nicht selten Spuren der Annihilation als Nebenbefund entdeckt. Durch das Erdbeben in Algerien 1980 sind Massengräber von Opfern des französischen Völkermordes, unter anderem bei Asnam, öffentlich geworden.

Seit 1441 haben europäische Sklavenhändler, Kolonialisten und Imperialisten in allen Kontinenten ganze Völker vernichtet. Nur selten werden diese Fälle erwähnt. Von der Identität der Mehrheit der vernichteten Völker ist ebenfalls wenig oder überhaupt nichts bekannt.

V. Semantische Gewalt

Semantik meint die Wortbedeutung. Im spezifischen Sinne behandelt die Semantik die Entwicklung der Bedeutung von Wörtern und Begriffen in Abhängigkeit von gesellschaftlichen oder fachlichen Entwicklungen.

Der Ausdruck „Imperialismus“ bezeichnet jene Staaten, die ihn ausüben. Er steht für Gewalt, Aggression, Ausbeutung und Ausplünderung. Der Imperialismus ist kein abstrakter Ausdruck, sondern Praxis. Wie bei jedem „Ismus“, der stets eine Abstraktion darstellt, muß man sich auch

beim Imperialismus davor hüten, den Gegenstand zu übersehen und zu entpersonalisieren. Imperialismus bezeichnet die USA, Europa, die NATO und die Menschen, die ihn tragen. Imperialismus ist Terror, Staatsterror, Massenmord und Raub. Es gibt keinen gewalttätigeren Gegenstand als den Imperialismus. Er ist Gewalt und prägt alle Elemente der imperialistischen Gesellschaft mit Gewalt.
Auch die Sprache des Imperialismus ist Gewalt. „Ultimatum", „Sanktionen" und „Blockade" sind typische Ausdrücke des Imperialismus. In der Praxis bedeuten sie z.B. „Hungerblockade". Sie wirkt sich katastrophal für das betroffene Volk aus.

Der Ausdruck „Krieg" ist nicht nur das furchtbarste Wort, vielmehr steht er für die kriminellste Handlung des Imperialismus, die er als Alltagsgeschehen, als Routinepraxis anwendet.
Die angeführten Wortbeispiele sind ganz offensichtliche Gewalt. Schon beim Hören oder Lesen eines dieser Ausdrücke spürt man Schauer über den Rücken laufen. Sie sind ganz klare Gewalt. Wenn wir aber von „semantischer Gewalt" sprechen, meinen wir weniger die Begriffe, welche direkt bedrohlich sind, sondern wir bezeichnen damit jenes Phänomen, daß der Imperialismus jeden Ausdruck gewaltvoll prägt. Jedes Wort wird mit semantischer Gewalt aufgeladen. *Beispiel*: „Frieden" ist der „Gegensatz" von Krieg. Wenn jedoch der Imperialismus von „Frieden" spricht, dann meint er „Diktat", „Erpressung", „Unterwerfung", „Geiselnahme eines ganzen Volkes" und gegebenenfalls den offenen Krieg.
Als augenfällige Beispiele für die imperialistische Umwandlung von Begriffen nennen wir: „Operation", eigentlich „Handlung", oder „Mission", eigentlich „Sendung". Im imperialistischen Gebrauch stehen beide für „Aggression, Zerstörung, Mord".

Der Imperialismus hat generell Sprache und Wörter in Gewalt eingetaucht und mit Blut besudelt. Wenn er vom Krieg spricht, dann meint er Krieg. Spricht er von Frieden, dann meint er auch Krieg.

VI. Das Gewaltverhältnis schlägt in semantische Gewalt um

Gerade am Beispiel „Leben" und „Wunder" zeigt sich die semantische Gewalt des Imperialismus am deutlichsten. Er erfand den Begriff „Wunderwaffe". Damit meint er eine Waffe, welche das Maximum an Menschen in einem Minimum von Zeiteinheiten vernichtet und ihr Leben auslöscht.

Imperialismus ist Militarismus. Sprache und Wörter haben stets einen unmittelbaren Bezug zu Gewalt und Tod. Das Gewaltverhältnis, das der Imperialismus zu den Völkern hat, schlägt in semantische Gewalt um.

VII. Irrationalität des Kriegs

Die ausgeführten linguistischen Phänomene sind nur als Symptome der Irrationalität des Kriegs zu verstehen. Die Irrationalität des Kriegs durchdringt alle Phänomene der imperialistischen Gesellschaft: Kultur, Wissenschaft, Medien, Kunst, zwischenmenschliche Beziehungen, kurz alles. Keine vernünftige Logik würde in der Lage sein, den Aggressionskrieg vernunftgemäß zu begründen oder rational zu erklären. Daher wird auch die Logik im Imperialismus korrumpiert: Falsch ist richtig, richtig ist falsch. Die Gewalt bestimmt die Logik. Es gibt absolut keinen Grund, der so wichtig wäre, es gibt keine Ursache, die von solcher Bedeutung sein könnte, daß sie Massenmord und Weltzerstörung durch einen Aggressionskrieg rechtfertigen könnten.

VIII. Europäische Kriegsliteratur ist selbst Krieg

Der Imperialismus korrumpiert alles, Wissenschaft, Schrifttum, Kunst und Kultur.
Die europäische Kriegsliteratur ist selbst Krieg.
Darum dieses Buch.

2. Macht und Mittel des Imperialismus

I. Was ist Imperialismus?

Der Imperialismus ist sowohl eine historische wie auch politisch-ökonomisch-militärische Bezeichnung, die sich auf eine Entwicklung seit dem letzten Drittel des 19. Jahrhunderts bezieht.

Mit Imperialismus meinen wir das Bestreben einiger weniger, aber hochgerüsteter Staaten, welche mit militärischen Mitteln sowie politischen und wirtschaftlichen Repressalien versuchen, ihre Macht über andere Staaten auszudehnen. Diese Staatengruppe besteht heute aus den USA und Westeuropa bzw. der europäischen Union. Sie vertreten nicht einzelne Personen, sondern die Interessen von Monopolen, multinationalen Konzernen und Banken. Ihre Ziele setzen sie vermittels militärischer Gewalt durch. Dazu haben sie nach dem Zweiten Weltkrieg die NATO geschaffen und hoch Aufgerüstet, einschließlich sogen. ‚schneller Eingreiftruppen'. Zu den militärischen Aggressionen und Interventionen hinzu kommen wirtschaftliche und politische Repressalien wie Blockaden und Boykott.

Die NATO ist die größte und gefährlichste militärische Organisation, die jemals auf der Erde bestanden hat. Die zahlreichen Kriegsverbrechen der NATO wurden bisher von keinem Kriegsverbrechergericht behandelt. Wir fordern alle Völker der Welt, insbesondere die Bürger und Bürgerinnen der NATO-Mitgliedstaaten dazu auf, sich gegen den Imperialismus zu erheben, die NATO zu zerschlagen und damit die Möglichkeit für einen weltweiten Frieden einzuleiten.

II. Die Macht des Imperialismus

– ist Militarismus,
– ist rücksichtslose Gewalt.

Die militärische Gewalt widerspiegelt sich in der Sprache als semantische Gewalt. In seinem Machtbereich militarisiert der Imperialismus alle Bereiche des öffentlichen Lebens und der Kultur. Das gesellschaftliche Leben wird brutalisiert.

III. Die Kultur des Krieges

Im Imperialismus ist alles militarisiert: die Produktion, die Medien, die Wissenschaft, Bildung und Ausbildung. Schulbuch und Lehrwerk erziehen zu Rassismus und Krieg. Das geschieht nicht in der plumpen Art, wie es im Dritten Reich üblich war. Die militarisierte Pädagogik und Didaktik arbeiten heute subtil und diskret – und damit umso wirksamer.

Beispiele:
Fach Geschichte: Darstellung der Menschheitsgeschichte als ein Dauerkrieg und eine Kette von Schlachten. Diese Sichtweise ist unrichtig. „Krieg“ war vor dem Kolonialismus und Imperialismus eine große Ausnahme und er war auch ein anderer. Der ‚Enemy-People-Krieg’ ist ein imperialistisches Novum.

Fach Humanbiologie: Der sog. Aggressionstrieb wird verallgemeinert, um den Dauerkriegszustand zu normalisieren und eine Akzeptanz für den Militarismus im Bewußtsein der Menschen zu bewirken. Brutalität sei ein natürliches und selbstverständliches Merkmal des Lebens. Die Selbsterhaltung und der Überlebensinstinkt bedingen das Aggressionsverhalten der Tiere wie auch der Menschen.

Die Literatur im Imperialismus vermittelt die Ungleichheit von Kulturen und Völkern. Sie stellt Europa einschließlich der USA als zur Weltherrschaft berufene Größe dar. Die Spaltung der Welt in Nord und Süd wird legitimiert und vieles andere mehr.

Verhaltensmerkmale des Imperialismus

a) Daueraggressivität,
b) Brutalisierung seiner Beziehungen und Normen,
c) Verlust aller Werte,
d) Anti-Humanismus,
e) Verabsolutierung der Gewalt.

Diese Merkmale finden wir in:
– Bildung und Ausbildung, – in den Medien, – in der Unterhaltung, – in der Kultur u.a.m.

Der imperialistische Staat nutzt Betrug, Lüge, Vertrauens- und Vertragsbruch als elementare Mittel seiner Politik. Er predigt den Frieden und betreibt Aggression und Krieg. Er mißbraucht die Werte anderer Völker, um sie zu unterdrücken und auszubeuten.

IV. Die Entstehung und Entwicklung der aggressiven Persönlichkeit

Die Entstehung und Entwicklung der aggressiven Persönlichkeit, die Konrad Lorenz und andere der Evolution in die Schuhe schieben, sind anthropogen. Sie ist nicht erworben, sondern selbstgemacht.

Ein junger Mann wird rekrutiert. Er bekommt ein Gewehr in die Hand. Er wird im Gebrauch dieser und anderer Mordwaffen ausgebildet. Soldaten haben keinen anderen Auftrag als Töten. Eines Tages wird er an die Front geschickt. Er drückt ab und tötet.
Soldaten sind Mörder.

Dieser junge Mann, von dem wir reden, besitzt hinreichend Skrupellosigkeit, andere zu töten. Frage: Wann hat er die Fähigkeit zu morden erworben?
Die Bereitschaft, andere zu töten, muß schon beim Eintritt in die Armee vorhanden gewesen sein, denn er wußte, daß Töten sein Job sein wird. Nur der, der bereit ist, andere zu töten, wird Soldat.
Mörder sind Soldaten.

Schule und weiterbildende Schulen haben diesem Jugendlichen und anderen jungen Menschen ein Welt- und Menschenbild vermittelt, das für den Krieg kompatibel ist. Diese jungen Menschen haben den Lehrstoff bereitwillig rezipiert. Bei Leistungskontrollen haben sie den Lernerfolg unter Beweis gestellt. Offensichtlich war es nicht erst die Schule, welche sie zu Krieg und Mord erzogen hat, sonst hätten sie sich nicht ereifert, ihre Akzeptanz der Lerninhalte zu beweisen. Auf dieser Basis sind sie Soldaten geworden. Die Voraussetzungen einer aggressiven Persönlichkeit haben die Zöglinge bereits beim Schuleintritt mitgebracht.

Der Grundstein ist also noch eher gelegt worden, bereits mit der frühen Erziehung und der frühkindlichen Sozialisation. Auf diesen Grundsteinen bauen alle späteren Institutionen von der primären Sozialisation über die Schule bis hin zu der Armee und dem Einsatz an der Front auf. In der aggressiven Gesellschaft ist die gesamte Kultur militarisiert, mal diskret, mal offenkundig.

V. Jeder Krieg ist ein Krieg der Medien

Jeder Krieg ist ein Krieg der Medien. Sie bereiten die Öffentlichkeit auf die sog. „Friedensmissionen" der NATO vor. Manipulierte Nachrichten und Falschmeldungen sollen die Akzeptanz des Krieges bei der Bevölkerung der NATO-Staaten besorgen. Das tun sie leider nicht ohne Erfolg. Die gleichgeschalteten Medien führen zu der Homogenisierung und dem Einheitsdenken.

Daher die Notwendigkeit der Gegenöffentlichkeit![2]

VI. Vertragstreue und Vertragsbruch

Die Aggressoren von heute, England, Deutschland, Frankreich und die in den USA herrschende, aus Europa hervorgegangene Oligarchie waren in der Geschichte schon immer aggressiv tätig. Die Gegner haben – aus einer Position der Stärke heraus – Friedensangebote unterbreitet. Um des Friedens Willen verzichteten die Siegerstaaten im Süden des Globus auf Positionen, die zu ihrer Verteidigung und Sicherheit notwendig waren. All diese Angebote wurden von den Europäern angenommen, vertraglich festgehalten – und stets gebrochen.

– ***1192*** In der Hoffnung, die „Kreuzzüge" endgültig zu beenden, bot die Siegermacht Ägypten im Jahr 1192 einen umfassenden

---

2 In diesem Zusammenhang weisen wir auf die Ausstellung ‚LügeMachtKrieg' von 2015 hin, die u.a. über den Theorie und Praxis Verlag auszuleihen ist.

Friedensvertrag an. Die europäischen, nunmehr besiegten, Aggressoren nahmen das Friedensangebot an und versprachen, nie wieder anzugreifen. Die Verträge haben das dauerhafte Stillhalten vorgesehen. Sie wurden angenommen und ein bleibender Frieden wieder einmal versprochen.

Vertrag und Frieden wurden aber schon bald darauf

– ***1204*** von den Europäern gebrochen.

– ***1828*** bot Ägypten als Siegermacht den Europäern einen weitgehenden Friedensvertrag an, der von beiden Seiten verbindlich bestätigt wurde. Die Europäer haben das Friedensangebot angenommen. Binnen weniger Wochen haben sie durch den Verrat von Navarino (1828) Vertrauens- und Friedensbruch begangen.

– ***1985*** hatte die Sowjetunion die Vereinbarungen zur Abrüstung voll eingelöst, während die Gegenseite, die USA allen voran, ihren Anteil nicht einlöste. Vielmehr haben sie weiter militarisiert und aufgerüstet.

Friedensverträge werden um des Friedens willen geschlossen. Der Süden hat sie immer eingehalten, die Europäer hingegen sie immer gebrochen. Für den Imperialismus dienen sie ausschließlich dazu, die Wehrbereitschaft des Gegners zu schwächen, um ihn erneut anzugreifen.

Beispiel Europäisch-arabische Beziehungen:
Die arabische Seite hat nie einen Friedensvertrag gebrochen. Die europäische Seite hat nie einen Friedensvertrag mit den Arabern eingehalten. Es ist auch klar, daß die Europäer davon ausgehen, daß die Araber ihre Verträge einhalten. Mit einem Vertrag verpflichtet man sich. Der Vertragspartner verläßt sich darauf und wird nie enttäuscht. Den Europäern fehlt offensichtlich die ethische Dimension, die eigene Verpflichtung, das Versprochene einzuhalten. Es fehlt der Selbstrespekt. Alle Friedensverträge mit den Arabern wurden von europäischer und US-Seite gebrochen. Verrat am Vertragspartner wird offensichtlich nicht als ungehörig empfunden. Eine Selbstverpflichtung kann mit Füßen getreten werden. Schamlos und skrupellos mißbraucht der Imperialismus das Vertrauen friedenswilliger Staaten.

Vertragsbruch ist Friedensbruch, ist Verbrechen gegen die Menschheit.

3. Weltfrieden und Wende

I. Einleitung

Der Ausdruck „Frieden" ist als ein relativer, hier durchaus als berechtigt angewandter Begriff zu verstehen. Man sollte quantitative und qualitative Unterschiede in Betracht ziehen. Freilich gab es vor der Jahrtausendwende innereuropäische Kriege sowie europäische Aggressionen gegen Westasien und Nordafrika. Die Skandinavier, besonders die Wikinger, unternahmen eine Serie von Überfällen auf den Maġrib. Diese Tatsachen bleiben nicht unberücksichtigt, wenn wir dennoch von internationalem Frieden reden, der trotz begrenzter europäischer Überfälle und Friedensbrüche weiter erhalten werden konnte.

Die Eingrenzung des Zeitraumes von 750-1053 ergibt sich aus folgendem Kontext: Im Jahr 750 vollzog sich der Machtwechsel von den Umayyaden zu den ʿAbbāsiden. Ihre erste Maßnahme war die Einleitung eines umfassenden Friedensprozesses. Sie etablierten einen Weltfrieden, der dreihundert Jahre andauerte. Diese Tatsache berechtigt uns, von einem dreihundertjährigen Frieden zu reden. Wir betonen sogar diese geschichtliche Wirklichkeit, um historisch nachzuweisen, daß der Weltfrieden keine Illusion, sondern eine realistische Option ist.

Das europäische Geschichtswerk stellt die Geschichte der Menschheit als eine Kette von Kriegen dar. Wäre es so gewesen, würde es uns, die Menschheit, nicht mehr geben. Sie hätte sich gegenseitig längst zermürbt und vernichtet.

Der von den ʿAbbāsiden etablierte Weltfrieden war nicht der erste in der Geschichte der Menschheit. Dafür müssen wir in die Geschichte weiter zurückschauen. Der Aufstieg von Imperien und mit ihnen das Aufkommen von Kriegen, hat einen langanhaltenden Frieden der Menschheit unterbrochen.

Die Menschheit hatte schon eine lange Geschichte des Friedens gehabt, bevor der erste Krieg begann. Dabei muß man grundsätzlich einen Krieg im Altertum von einem imperialistischen Krieg unterscheiden. Konfliktregelung vor dem Eingriff des Imperialismus war in aller Regel friedlich. Bewaffnete Kämpfe, die in der Geschichte vor der Großreichbildung als „Kriege" bezeichnet werden, unterscheiden sich nach Qualität und Quantität vom imperialistischen Krieg. Unterschiedliche Typen von bewaffneten Kämpfen jeweils als „Krieg" zu bezeichnen, ist für die – leider weitverbreitete – Mißinterpretation der Menschheitsgeschichte verantwortlich.

Die Schaffung einer regulären Armee im Alten Ägypten, die auch in Ausnahmefällen militärisch tätig geworden ist, darf nicht zu der häufig geäußerten Behauptung führen: „Kriege hat es schon immer gegeben". Bei einer solchermaßen undifferenzierten Behauptung werden qualitativ und quantitativ wesentliche Unterschiede der Kampfführung nivelliert.

Kriegsverbrechen und Völkermord sind ein Phänomen der Neuzeit. Militärische Verbrechen gegen die Menschlichkeit sind erst mit dem und durch den Imperialismus in Erscheinung getreten. Sie sind eine ausschließlich imperialistische Praxis.

Bei der Kriegsgeschichte muß man es grundsätzlich vermeiden, unterschiedliche Formen von bewaffneten Konfliktregelungsstrategien mit dem gleichen Ausdruck zu umschreiben. Das heißt, Krieg ist nicht gleich Krieg. Es ist sicher, daß es vor dem Imperialismus keinen Krieg gegeben hat, der mit den Kriegsverbrechen von Kolonialismus und Imperialismus auch nur annähernd vergleichbar wäre.

II. Die Ära des Weltfriedens von 750-1053

Afrika war immer ein freier, souveräner Kontinent. Die Völker haben ihre jeweiligen Organisationsformen gewählt und ihr gesellschaftspolitisches Leben selbst bestimmt. Die Menschen produzierten für sich selbst. Überschüsse wurden mit Nachbarvölkern – ohne Geldwirtschaft – ausgetauscht. Im ganzen Kontinent existierte der afrikanische Frieden. Dieser Zustand herrschte seit den Anfängen der Menschheitsgeschichte bis an die Schwelle der Gegenwart.

In der Schlacht von Actium 31 v.Chr. hatte Ägypten seine Souveränität verloren. Die Römer konnten am Nil einige Bastionen errichten. Dieser Zustand hatte bis in das siebte Jahrhundert Bestand. Die Fremdherrschaft beschränkte sich auf die küstennahe Region. Im Landesinneren vermochten die Römer es kaum, feste Basen zu errichten. Nur an der Mittelmeerküste konnten das Weströmische Reich und Byzanz Positionen unter ihrer Kontrolle halten.

Ab 633 haben die arabischen Armeen damit begonnen, die Region von der weströmischen und byzantinischen Fremdherrschaft zu befreien. In den Jahren 639 bis 700 haben arabischen Armeen Ägypten, Libyen und das übrige Nordafrika endgültig befreit. In Asien dauerte der Prozeß der Befreiung bis zum Jahr 750.

In Schwarzafrika sind die arabischen Armeen nicht einmarschiert. Dazu gab es keinen Handlungsbedarf. Hier regierten die Völker sich selbst. Eine Fremdherrschaft hat nirgends bestanden.

Der Reichtum des afrikanischen Kontinents hat die siegreichen arabischen Heere nicht dazu verführt, davon Besitz zu ergreifen. Obwohl die Wüstenaraber dringend Versorgungsgüter brauchten, hat dieser Zustand keinen Grund für eine Invasion Afrikas gegeben. Im Jahr 642 vereinbarte ʿAmru b. al-ʿĀṣ einen Friedensvertrag, ein heute noch erhaltenes Dokument, genannt „Baqt“ / „Pakt“. Die friedliche Koexistenz der Völker war keine Utopie, sondern Realität.

Im Jahr 750 stürzten die Umayyaden. Eine Koalition oppositioneller Kräfte brachte die ʿAbbāsiden an die Macht. Sie nahmen sofort Verhandlungen mit allen angrenzenden Staaten auf. Das arabisch-islamische Reich war unbestreitbar die Weltmacht. Aus einer Position der Stärke und der unschlagbaren militärischen Überlegenheit heraus boten sie den Nachbarn Friedensverhandlungen an. An allen Grenzen des Kalifats wurden Vereinbarungen über gutnachbarliche Beziehungen getroffen.

Mit Schwarzafrika bestand der bereits seit dem Jahr 642 gültige Friedensvertrag („Baqt"). Darin verpflichteten sich die Araber, in Afrika nicht einzumarschieren. Dieser Bund wurde bis zum heutigen Tag – also seit 1374 Jahren – konsequent und ungebrochen eingehalten.

Mit den Franzosen unter Karl Martell wurde im Jahr 732 bei Poitiers ein Friedensabkommen geschlossen.

Die Friedensvereinbarungen mit China datieren vom Jahr 750. Dort wurde unter anderem vereinbart, daß chinesisches Papier in die arabische Welt kommt, was von großer kultureller Bedeutung war.

Mit Byzanz bestand bereits seit dem Kalifat der Umayyaden ein Stillhalteabkommen, das nunmehr vertraglich verbrieft wurde.

Mit dem „Heiligen Römischen Reich" und anderen kleineren Staaten wurde eine Serie von Verhandlungen geführt, die bereits 732 begonnen hat. Mit allen Verhandlungspartnern wurden Friedensverträge abgeschlossen. Die wichtigsten unter ihnen waren wohl der Friedensvertrag von 800 mit Karl dem Großen und die Abkommen mit indischen Fürsten.

Auf den Fernstraßen bestand Sicherheit. Der Welthandel entfaltete sich. Der Austausch unter Völkern und Kulturen war sehr intensiv. Am Wohlstand nahmen alle Schichten teil. Von den unermeßlichen Vorteilen des Friedens konnten alle Völker profitieren. Die Kosten, die für Kriege ausgegeben worden wären, wurden nun zum Wohle der Menschen investiert. Liebe und Solidarität prägten die Beziehungen unter den Völkern und Individuen. Die Toleranzkultur galt allen Gemeinschaften. Die gesellschaftlichen Energien wurden ausschließlich konstruktiv genutzt. Menschliche Potenzen wurden sinnvoll eingesetzt. Philosophie, Wissenschaft, Literatur, Technik, Kultur und Kunst florierten. Sie dienten ausschließlich dem Frieden.

Bis zur Mitte des elften Jahrhunderts hat die arabische Politik der friedlichen Koexistenz gut funktioniert und hervorragende Erfolge verzeichnet. Der ersehnte Weltfrieden war eingetreten. Die Menschheit erlebte ihre besten und schönsten Jahrhunderte. Der globale Friede war keine Utopie, sondern Wirklichkeit. Wohlstand und Wohlergehen herrschten über weite Teile der Welt. Niemand brauchte sich zu fürchten. Dieser Zustand hätte auf ewig bestehen können, wenn nicht …

III. Die Wende

Wie kam es nun dazu, daß der Weltfrieden nicht länger als dreihundert Jahre gedauert hat?

Im Jahr 1053 berief der römische Papst ein Konzil ein. Kirchengeschichtlich führte es zur Spaltung der christlichen Kirche in das römisch-katholische Christentum im Westen und in das östliche Byzanz. Weltpolitisch leitete das Konzil die Kreuzzüge ein. Unmittelbar danach, im Jahr 1054, wurden sie gegen den arabischen Staat Andalus in Südwesteuropa in Marsch gesetzt. Der Andalus war der politisch, gesellschaftlich und kulturell fortschrittlichste Staat Europas. Den Europäern schien er einnehmbar zu sein. Der Hintergrund dazu soll erläutert werden.

Die Erfahrungen der langen Friedenszeit führten im Andalus dazu, daß Staat und staatliche Gewalt an Bedeutung verloren. Damit konnten auch die Kosten zur Unterhaltung des Staatsapparats und eines stehenden Heers eingespart und für den Ausbau der öffentlichen Versorgung ausgegeben werden. Bildung, Städtebau, Infrastruktur, Architektur, Kultur, wissenschaftlicher und technischer Fortschritt blühten. Öffentliche Hygiene, Gesundheit, Schulwesen und Universitäten standen auf hohem Niveau. Bäder und Bibliotheken gehörten zur Grundausstattung der Ortschaften. Die Straßen wurden nachts beleuchtet. Ein hoher Prozentsatz der Bevölkerung konnte lesen und schreiben. Militär war, wenn überhaupt, auf kleine Ordnungstruppen reduziert.

Die Wirtschaft blühte, ohne den kapitalistischen Weg zu gehen. Die kapitalistische Akkumulation war trotz Technik und Industrialisierung nicht eingetreten. Die ursprüngliche Akkumulation war ein Aspekt des hohen Lebensstandards, an dem breite Schichten der Bevölkerung teilgenommen haben. Das Sozialsystem sorgte dafür, daß alle Menschen vom allgemeinen Wohlergehen profitierten.

Darum konnte der Staat als ideeller Gesamtkapitalist nicht erst konstituiert werden. Im Gegenteil, die Initiative zum gesellschaftlichen Aufbau wurde vom Volke selbst wahrgenommen.
Der Zentralstaat, der zur Gründerzeit notwendig war, wurde im arabischen Westen aufgelöst. Um die Mitte des elften Jahrhunderts regierten allenfalls örtliche Fürsten, die „Mulūk aṭ-Ṭawāʾif“.

Das war die Situation, welche von den Europäern und dem Vatikan als Machtvakuum aufgefaßt wurde. Der Andalus mit seinem großen Reichtum und seinen Errungenschaften, doch ohne Rüstung und stehendes Heer, schien dem übrigen Europa angreifbar zu sein. Das christliche Europa machte mobil gegen den arabischen Andalus.

4. Geschichte des Krieges (1)

I. „Kreuzzüge“ und „Reconquista“ (1054-1507)
II. „Kreuzzüge“ (1096-1292)
… und der Widerstand gegen die Aggression der Kreuzfahrer
III. „Reconquista“ (1054-1507)
IV. Europäische Aggressionen im 14. und 15. Jahrhundert
V. Die Zerschlagung des arabischen Staates „Andalus“ in Südwest-Europa durch die Allianz der „Heiligen Katholischen Könige“ (bis 1507)
VI. Europäische Aggressionen gegen die arabischen Staaten Afrikas
VII. Die Inquisition
VIII. Pervertierung der Wissenschaften und des nautischen Fachwissens
IX. Europäische Aggressionen gegen Afrika – Menschenhandel und Versklavung
X. Was ist Kolonialismus?

I. „Kreuzzüge“ und „Reconquista“ (1054-1507)

Der Weltfriede hätte ewig bestehen können, wenn der römische Papst und die um ihn versammelten europäischen Könige das lange Schweigen der Waffen nicht gebrochen hätten. Sie deuteten den allgemeinen Frieden als ein „Machtvakuum“, in das sie eingreifen können. Das war der historische Kontext, in dem der erste Kreuzzug gegen den arabischen Westen im Jahr 1054 in Marsch gesetzt wurde. Die fatale Wende der menschlichen Geschichte ist damit eingetreten.

Die Friedfertigkeit der Völker interpretierten die Europäer als Schwäche und Wehrlosigkeit. Der Verzicht auf Gewalt und die Politik der friedlichen Koexistenz des arabischen Reiches wurden als die geeignete Gelegenheit zum Angriff gedeutet und genutzt.

Die Europäer täuschten sich. Die Araber im Westen erkannten die Gefahrenlage. Der Zustand der „Mulūk aṭ-Ṭawāʾif“ wurde rasch beendet. Die Murābiṭūn („Almoraviden“) traten die Macht an und bauten den Zentralstaat wieder auf. Sie rekrutierten freiwillige Soldaten und stellten eine angemessene Streitmacht auf. Die arabische Abwehr schlug die europäischen Aggressoren zurück und stellte den Frieden wieder her.

Auf der Basis des wiederhergestellten Weltfriedens florierten im arabischen Reich weiterhin Wissenschaft, Technik und Kultur. Die arabische philosophische Klassik war auf dem Höhenflug. Die Murābiṭūn-Ära zeichnet sich durch die außerordentliche Entfaltung der Künste und der schöngeistigen Literatur aus. Die Pracht der Architektur erreicht eine bisher ungekannte Faszination. Die ein Jahrtausend alten Bauten imponieren heute noch den Betrachtern. Präzision und architektonische Großzügigkeit entfesseln grenzenlose Bewunderung. Die almoravidische Kunst wird in der ganzen Welt bewundert und nachgeahmt.

Den christlichen Europäern boten die Murābiṭūn einen umfassenden Friedensvertrag an. Toleranz, Kooperation und gütlicher Austausch sollen anstelle von Feindseligkeit und Krieg eintreten. Die christlichen Staaten heuchelten Annahme vor.

Real wollten die Herrschenden im übrigen Europa dem Frieden keine Chance geben. Von der Vision einer Welt ohne Waffen und Krieg ließen sie sich nicht beeindrucken. Sie warteten nur ab und bereiteten sich auf den nächsten Schlag vor. Sie täuschten Versöhnung vor und planten die Aggression.

Auf der anderen Seite vertrauten die Murābiṭūn ihren europäischen Nachbarn. Sie setzten sich zur Ruhe und profitierten selber vom öffentlichen Reichtum. Abwehr, Rüstung und Manöver wurden auf ein Minimum reduziert oder gar ganz zurückgestellt.

Ibn-Ḫaldūn (1332-1406) beschreibt in seinem berühmten Prolegomena eindrucksvoll den Aufstieg und Niedergang der Murābiṭūn-Dynastie, die sich anfangs in Askese übte, ethisch verpflichtet und moralisch streng regierte, sich am Schluß jedoch nur noch dem Vergnügen widmete. Er interpretiert diese Entwicklung sozialphilosophisch und sieht darin ein Stereotyp, das sich geschichtlich wiederholt.

Genau auf diesen Moment lauerten die europäischen christlichen Könige. Sie machen wieder mobil. Im Gegenzug wird im arabischen Westen eine neue Bewegung auf den Plan gerufen. Die Muwaḥḥidūn (Almohaden) erobern die Staatsmacht.

Sie reorganisieren den Staat und bauen die Abwehr wieder auf. Sie rechneten mit einer Konfrontation, die auch nach einem langen Waffenstillstand eingetreten ist. Amtierender Herrscher der Muwaḥḥidūn war zu diesem Zeitpunkt Yaʿqūb b. Yūsuf. Er hatte den Oberbefehl in die Hand genommen und führte selbst das Heer an die Front. Wie nicht anders zu erwarten war, wurden die christlichen Könige mit ihrer massenhaft rekrutierten Armee zurückgeschlagen. Der Sieg über die Invasoren brachte dem Herrscher Ya'qūb b. Yūsuf den Titel „al-Manṣūr", der Siegreiche, ein, einen Namen, unter dem er historisch bekanntgeworden ist.

Die europäischen Aggressionen gegen den arabischen Westen werden in der europäischen Geschichtsschreibung als „Reconquista" bezeichnet. Der Ausdruck ist nicht nur irreführend, sondern direkt falsch. „Reconquista" bedeutet „Wiederherstellung" eines Zustandes, der einst bestanden hätte. Darin liegt entweder ein Irrtum oder eine bewußte Fälschung. Richtig ist: Der Andalus wurde von außen angegriffen, die authentische Bevölkerung der iberischen Halbinsel wird durch die europäischen Invasoren vertrieben. Eine Fremdherrschaft wird auf dem Boden des arabischen Staats eingerichtet. Die Vertreibung der Landesbevölkerung aus Muslimen, Christen und Juden zog sich über einige Jahrhunderte hin.

Nur hilfsweise benutzen wir den Ausdruck „Reconquista", da er leider fest etabliert ist. Gleichwohl raten wir, darauf möglichst zu verzichten.

Zu Anfang der Kreuzzüge gingen die Europäer davon aus, dass sie mit ihren Angriffen gleichzeitig den arabischen Osten und Westen (Iberische Halbinsel) besetzen könnten. Bald aber erkannten sie, dass sie ihre Macht überschätzt hatten. Schon 1292 werden sie endgültig aus dem arabischen Osten vertrieben. Daraufhin konzentrieren sie ihre Angriffe gegen das arabische Andalus.

II. Die „Kreuzzüge" (1096-1292)

Die europäischen Aggressionen gegen den arabischen Osten gehen in das Geschichtsbuch als „Kreuzzüge" ein. An dieser Stelle besteht eine etablierte, gen Himmel schreiende Geschichtslüge. Es handelt sich nicht um „Kreuzzüge", sondern um „Plünderungen, Mord- und Raubzüge". Dem tut es keinen Abbruch, daß die Europäer und der Vatikan das Kreuz, an dem der Erlöser starb, als Mittel der Agitation, Mobilmachung, Kriegsverhetzung, Plünderung benutzt haben. Das „Kreuz" als Waffe des Raubes und Genozids begleitet den Imperialismus seit dem ersten christlichen Kaiser Konstantin (306-337). Sicher machten sich die Kreuzfahrer auf die Suche nach einem Kreuz, nach dem Heiligen Gral und selbst Tüchern des Messias, aber das war sozusagen das Alibi. Der Ausdruck „Kreuzzug" ist Gotteslästerung, das Etikett „Reconquista" eine Selbstdenunziation und ein Selbstzeugnis für eine Serie großer Gewalt- und Raubhandlungen, die in der Weltgeschichte bis dahin keine Parallele hatte.

Der arabische Osten mit den ʿAbbāsiden an der Spitze des Kalifats war der eigentliche Stifter des Weltfriedens, der drei volle Jahrhunderte gehalten hat. Die langanhaltende Ära des gütlichen Ausgleichs, der kooperativen Nachbarschaft und des Lebens in Sicherheit und Gerechtigkeit ohne Gewalt und ohne den Gebrauch von Waffen rief im Osten eine Friedenseuphorie hervor. Das Kalifat hat die Armee stark reduziert und entpflichtete einen Großteil der Soldaten.

Das waren aber genau die Maßnahmen, auf die die christlichen Europäer gewartet hatten. Das Schweigen der Waffen wurde in Europa als ein Machtvakuum gedeutet, in das sie unverzüglich eingreifen wollten.

1095: *Die Kirchenglocken läuten die Kreuzzüge ein* – buchstäblich gesprochen. Das Fanal zum Angriff gab Papst Urban II. selbst ab. Eigens für diesen Zweck wurde das Konzil von Clermont einberufen. In seiner feierlichen Kriegsrede zum Abschluß des Konzils am 27. November 1095 sagte Urban II. am Vorabend der Aggression u.a.:
„Deshalb bitte und ermahne ich euch
– nicht ich, sondern der Herr bittet und ermahnt euch – als Herolde Christi,
die Armen wie die Reichen,
daß ihr euch beeilt,
dieses gemeine Gezücht (Muslime und Araber, K.K.) zu verjagen.
(...)
Wenn diejenigen, die dort hinunterziehen, ihr Leben verlieren, auf der Fahrt, zu Lande, zu Wasser oder in der Schlacht gegen die Heiden (bezogen auf die Muslime, K.K.), so werden ihnen in jener Stunde ihre Sünden vergeben, das gewähre ich nach der Macht Gottes, die mir verliehen ist“.[3]

Eine Serie europäischer Aggressionen, die über Jahrhunderte andauerte, folgte. Unvorstellbare Verbrechen, Raub und Massaker an Völkern, welche den Europäern nur Gutes gebracht haben, wurden verübt. Die Epoche geht in die Geschichte als „Kreuzzüge“ ein. Dieser Ausdruck ist eine

[3] Rede des römischen Papstes Urban II., nach: Fulcher von Chartres (1059-1127), der am „ersten Kreuzzug“ (1096-1099) teilgenommen und als Zeitzeuge Notizen hinterlassen hat.

geeignete ideologische Euphemie, welche furchtbarste kriminelle Handlungen gegen unschuldige Menschenmassen verharmlost. Die Namengebung „Kreuzzüge“ wurde bereits am ersten Tag der unmittelbaren Mobilmachung geprägt.

Im Anschluß an das eigentliche Konzil waren die Gläubigen, die als Laien oder niederer Klerus keinen Zugang zum Konzil hatten, aufgefordert, sich vor den Toren der Stadt zu versammeln, um die beschlossenen Entscheidungen zu erfahren. Vor die große Menschenmenge zogen der Papst, die Bischöfe und die christliche Ritterschaft. Die Prozession war von allen Insignien kirchlicher Herrschaft begleitet.

Es war letzter Konziltag, der 27. November 1095. Die Gläubigen warteten schon lange, zum Teil seit Tagen, auf den feierlichen Abschluß der historischen Tagung. Sie standen auf dem Gelände vor der Kathedrale auf einem offenen Feld. Vor den Menschenmassen hielt Urban II. eine öffentliche Rede, in der er erläuterte, warum der Krieg notwendig sei. Er hat aber auch nicht gesagt, daß Europa oder irgendein europäisches Land bedroht wäre. Vielmehr gebe der Krieg den Europäern eine Chance, so buchstäblich, „daß aus Räubern Ritter werden“. Urban sagte, daß im angestrebten Kriegsgebiet Christen leben, die von Muslimen bedrängt seien. Diesen sollte man helfen. Da es aber auch in einem Krieg unvermeidlich sei, daß Menschen sterben, verhieß der Papst diesen, daß sie in der Stunde des Todes den Erlaß ihrer Sünden erlangen. Dieser Verheißung schloß der Papst den Vers an: „Und wer nicht sein Kreuz trage und mir folge, ist meiner nicht würdig“.[4] „Kreuz tragen“, erläuterte Urban, hieße, die willigen, gottgehorsamen Ritter sollen ein Stoffkreuz auf ihr Obergewand als Zeichen für ihr Gelübde nähen. Diese Handlung gab den Aggressionen den Namen „Kreuzzüge“, den Angreifern das Etikett „Kreuzritter“. All diese Ausdrücke werden in der Geschichtsschreibung so verwendet, als ginge es tatsächlich um das Kreuz Jesu. Im Rahmen der Geschichtsrevision muß die ideologische, irreführende Nomenklatur durch angemessene Ausdrücke zur Kennzeichnung von Aggression, Mord und Raub ersetzt werden.

Die klassische arabische Literatur verwendet den Ausdruck „Kreuzzüge“ nicht. Man begegnet ihm nur in neueren Darstellungen als Folge von Übersetzungen aus europäischen Sprachen. Die Kreuzkriege werden in der Klassik stets als „europäische Kriege“ („ḥurūb al-fringa“) bezeichnet.

---

4 Zit. nach Matthäus-Evangelium 10, 38.

Urban hat nicht etwa freie Fahrt für Christen aus aller Welt zu den Heiligen Stätten gefordert, wie später von Historikern behauptet wird, denn diese war vollumfänglich gewährleistet. Vielmehr sah er im arabischen Raum den Garten Eden, der Europa als Ausplünderungsparadies dienen sollte. Die europäischen Könige nahmen wohl an, es sei ein Leichtes, die arabischen Gebiete einzunehmen. Dem Papst wurde geglaubt. Die Massen folgten seinem Ruf. Menschliche Horden brachen in die arabische Welt ein.
Papst Urban gestand in seiner Rede, daß es viele soziale Probleme im eigenen Land, in Europa, gibt, und versprach, diese Probleme durch den Krieg zu lösen. Es bestehen große Armut und große Klassendifferenzen zwischen Landherren und Landlosen, Räubertum verbreitet sich, soziale Spannungen nehmen zu. Der Krieg ist die Chance, daß aus Räubern Ritter werden. Nach päpstlicher Auffassung ist der Raub des Eigentums von Christen sündhaft, Raub und Mord von „Türken, Arabern und Muslimen“ seien eine gottgefällige Ritterlichkeit.

Urban bezeichnet die geplanten Aggressionen ausdrücklich als „Gottes Willen“ („*Deus vult*“). „*Deus vult*“ wurde zum Schlachtruf des Ersten Kreuzzugs.
In diesem Kontext wurde auch der Gedanke vom „Heiligen Krieg“ geprägt. Er bringe Vergebung der Sünden, Teilhabe an Kriegsbeute und obendrein die Wonnen des Himmelreichs (Erst im zwanzigsten Jahrhundert wird von europäischen Autoren die Prägung des Ausdrucks „Heiliger Krieg“ dem Islam zugeschrieben. Diese Fälschung kann durch Zitate aus islamischen Quellen nicht belegt werden).
Die Kreuzfahrer zogen in ihren „Heiligen Krieg“. Sie wurden von Bischöfen, Priestern und Mönchen begleitet, trugen Kreuze als Fahnen oder als Zeichen auf ihrer Bekleidung.

Im arabischen Westen wie auch im Osten angekommen, wurden die Europäer zunächst gastlich empfangen. Als gutes Zureden fehlschlug und nichts nutzte, mußten die Aggressoren militärisch zurückgeschlagen werden.

Die Kreuzkriege gegen den arabischen Osten lassen in einem Punkt eine Frage offen: Nach ihren ersten militärischen Abenteuern gegen den arabischen Osten müßten die Führer der Kreuzzüge rasch feststellen, welchen großen Rückstand sie – gemessen an der technischen, logistischen und strategischen Überlegenheit der arabischen Gegner – hatten. Sie müßten nach dem ersten oder zweiten Kreuzzug konstatiert haben, daß

ihre Kriegsführung aussichtslos ist und sie keine Chance haben, in diesen ihnen fremden Ländern Fuß zu fassen.
Sicher spekulierten die Europäer auf einen Vorteil, der ihnen durch die Spaltung im arabischen Lager in die Hände spielen könnte. Zur Zeit der Kreuzzüge bestanden nicht ein die gesamte islamische Welt einigendes Kalifat, sondern drei nebeneinander – ʿAbbāsiden, Fāṭimiden und Murābiṭūn bzw. Muwaḥḥidūn.

Der arabische Historiker Schaibani (Ibn al-Aṯīr, 1160-1233), ein Zeitgenosse der Kreuzzüge, teilt diese Auffassung. Er nennt die Spaltung des arabischen Lagers als den Aspekt, der die Europäer („Fringa" = Europäer, aus „Franken") zu ihren Aggressionen gegen den arabischen Raum verführt hat, so daß Teilgebiete zeitweilig von ihnen kontrolliert werden konnten. „Die Fringa – Gott möge sie züchtigen – nutzten die Lage aus, in der die Muslime geteilter Auffassungen waren".[5]

Der Widerstand gegen die europäischen Aggressoren kam maßgeblich von unten. Gegenüber den Kreuzfahrern reagiert das Kalifat des arabischen Ostens zu konziliant. Die Herrscher unternahmen wenig, um die Kreuzfahrer abzuschrecken; umso aggressiver wurden sie. Die arabische Bevölkerung in Stadt und Land litt hingegen unter den Plünderungen, Raub und Mordanschlägen der Kreuzritter. Diese Erfahrungen waren jene Faktoren, welche die Bevölkerung in Syrien und Ägypten dazu veranlaßten, entschlossene Widerstandsführer an die Spitze des Staates zu bringen. Die Fāṭimiden in Ägypten wurden in der Folge gestürzt. Die Ära der Ayyūbiden (1171-1259) mit Ṣalāḥ ad-Dīn begann.

Ṣalāḥ ad-Dīn (Saladin) verfolgte eine doppelseitige Politik. Er führte den Widerstand zur Befreiung des arabischen Raumes von den europäischen Invasoren, gleichzeitig bot er friedliche Koexistenz an. Auf diese Politik reagierten die Europäer gespalten. Es ist ganz offensichtlich, daß der Vatikan die Scharfmacher gegen die friedensbereiten Thronfolger (insbesondere Friedrich II. von Hohenstaufen) begünstigte. Letztlich haben sich in Europa Destruktivität und Nekrophilie gegen die Friedensangebote der Araber durchgesetzt.

Die steigende Aggressivität der kreuztragenden Raubritter und die konziliante Politik der Ayyūbiden waren es, die im Jahr 1259 die Führerin des Widerstandes Frau Šağarat ad-Durr dazu veranlaßte, sich selbst zur Sultanin von Ägypten und Königin der Muslime zu proklamieren.

[5] Schaibani (Ibn al-Aṯīr), in: al-Kāmil fī aṭ-Tarīḫ.

Die Ägypterin Šağarat ad-Durr ist eine der hervorragenden Politiker der Geschichte. Mit ihrem Ehemann al-Malik aṣ-Ṣāliḥ Ayyūb regierte sie – seit 1250 – die letzten neun Jahre der Ayyūbidendynastie. Nach dem Tod des Königs vermählte sie sich mit Aybak, der dadurch zum ersten Mamlūkensultan wurde. Šağarat ad-Durr und Aybak begründeten die Mamlūkendynastie. Nachfolger wurde al-Manṣūr Nur ad-Din, Sohn Šağarat ad-Durrs und Aybaks. Mit diesen dreien tritt Ägypten einen erneuten Höhenflug an.

Durch ihre Vermählung mit dem Heeresführer leitete Šağarat ad-Durr die Ära der Mamlūken und damit die entscheidende Phase des Abwehrkampfes ein. Die Mamlūken erkannten die Friedensunfähigkeit der Europäer und waren zur konsequenten Verteidigung und Befreiung des arabischen Raumes entschlossen.

Auf der anderen Seite des Mittelmeers liefen die Dinge so, daß die europäischen Herrscher den ägyptischen Mamlūken in ihrer Einschätzung recht gaben, daraus jedoch die falschen Konsequenzen gezogen haben. Die Europäer erholten sich von einer Aggression, um nur die nächste durchzuführen. König Ludwig IX. (1214-1270) wollte seine bittere Niederlage noch rächen. Er rekrutierte diesmal ein gewaltiges Heer und setzte es gegen Ägypten in Marsch. Vom Mittelmeer ankommend griff er Ägypten vom Norden her an. Die ägyptische Abwehr ließ ihn die peripheren Ortschaften einnehmen. In seiner Siegeseuphorie marschiert Ludwig IX. in das Landesinnere ein. Damit lief er den vorbereiteten Ägyptern in die Falle. Seine gewaltige Armee ertrank im freigelassenen Gewässer des Staudammes. Ludwig IX. überlebte und wurde festgenommen. Im Bericht des Heeresführers Tumanbay an den Sultan Ẓāhir Baibars wird die Zahl der gefallenen Kämpfer auf ägyptischer Seite in der Schlacht von Manṣūra (1250) mit neun Martyrern angegeben. Ludwig IX. wurde zusammen mit anderen Kriegsgefangenen gut behandelt. Darin folgte Baibars der Tradition seiner Vorgänger. Diese Tatsache wird von Historikern allgemein anerkannt. Der ägyptische Staat verpflichtete den französischen König dazu, den geschlossenen Frieden zu achten und zu wahren. Dem Frankenkönig und seiner Gefolgschaft wurde freies Geleit zur Heimreise gewährt. Für seine Verbrechen gegen die Muslime wurde Ludwig IX. von der Römisch-Katholischen Kirche heiliggesprochen.

... und der Widerstand gegen die Aggression der Kreuzfahrer

Die Kreuzzüge waren europäische Kriege ausschließlich gegen die arabischen Völker, sowohl im Westen, in Maġrib und Andalus (1054-1507), als auch im Osten (1096-1292). Die arabischen Länder schirmten Asien und Afrika gegen europäische Angriffe ab. Die Europäer konnten weder nach Afrika noch nach Asien, ohne eine Bresche durch den arabischen Schutzwall zu schlagen. Also starteten sie die sog. „Kreuzzüge" gegen die nichtchristliche Welt mit den Muslimen.

Die arabischen Armeen verteidigten die arabische Welt gegen die europäischen Aggressoren. Nicht weniger bedeutsam bei diesen Befreiungskriegen war der Beitrag der Bauern und Städtebevölkerung, denn das Volk litt unmittelbar unter der Barbarei und den Brutalitäten der Kreuzfahrer. Zum ersten Mal in der Geschichte finden Massaker dieses Ausmaßes statt. Spontan bildeten sich Widerstandsgruppen, welche in Eigeninitiative die Aggressoren vertrieben haben.

Der offensichtlich von den Kreuzfahrern nicht erwartete Massenwiderstand hinterließ bei ihnen schreckliche Phantasien und Horrorvisionen. Am deutlichsten springen uns heute noch die panischen Ängste der Kreuzritter an der europäischen Wortprägung „Assassine" ins Auge. Darum gehen wir exemplarisch auf diese Gruppe ein.

Als die Kreuzfahrer den arabischen Osten fluchtartig verlassen mußten, nahmen sie vieles mit: Materielle Schätze, kostbare Produkte, wertvolle Güter, aber auch Wissenschaft und Technik. Sie brachten auch Ausdrükke mit, deren Niederschlag in den europäischen Sprachen heute noch zu finden ist. Oft wußten sie nicht, was sie genau bedeuten; trotzdem konnten sie sich davon nicht trennen, weil diese Begriffe offensichtlich tiefe Spuren in ihrem Gedächtnis hinterlassen haben. Das Wort „Assassine" gehört dazu. Es ist klar, daß die Europäer die Wörter so transportierten, wie sie sie inhaltlich interpretiert und akustisch registriert haben (Verballhornung). Lesen und Schreiben konnten die Kreuzfahrer nicht. „Assassine" ging in den Wortschatz aller europäischen Sprachen ein, deren Bezugsländer an den Kreuzkriegen beteiligt waren. Im Italienischen z.B. wurde der Begriff „Assassinen" früh zum Synonym für „Mörder".
Die Etymologie des Ausdruckes „Assassin" kann nicht eindeutig geklärt werden. Vermutlich leitet sich der europäische Ausdruck „Assassin" von dem arabischen qassasīn an, das im Umgangsarabischen als „assasīn" gesprochen wird.

Wer waren die (q)assasin? Das Wort bedeutet „jene, welche bestrafen“. In den lateinischen Quellen und der auf sie stützenden europäischen Sekundärliteratur finden wir eine Vielfalt unterschiedlicher Schreibungen wie „arsacidae“, „heissessin“, „accini“, „assanitae“, „assassi“ etc. Im Spät-Mittel-Lateinisch etablierte sich die Schreibung „Assassinus“. Daran orientierten sich die anderen europäischen Sprachen.
Auch Wilhelm von Tyrus, der als erster von den Assassinen in lateinischer Sprache berichtete, hat keine Begriffserklärung angegeben.

Man wußte nicht, was das Wort wirklich bedeutet und wie es richtig gesprochen wird. Mit dieser diffusen Vorstellung lebten die Europäer sechshundert Jahre lang, als 1809 Silvestre de Sacy in seinem Werk „Mémoire sur la Dynastie des Assassins et sur l'origine de leur nom“ publizierte.[6] De Sacy seinerseits begründete eine neue Epoche der Klischeebildung und Vorurteile, welche die Phantasiebilder, das Bedürfnis nach Motiven und Kausalitäten zufriedenstellen und heute noch aus der Vorstellungswelt der Europäer nicht auszumerzen sind. Auf Sacy geht das Erklärungsmuster zurück, Assassin(e) stamme von arabisch „Haschisch“ ab. Damit war es für ihn und die Nachwelt leicht, die Mission der Kreuzfahrer zu rechtfertigen und insgesamt den arabischen Widerstand gegen sie zu denunzieren.

Gemeinsamer Nenner aller Erklärungstheoreme über „Assassin“ ist die europäische Aggressionspsychologie, die sich seit dem Mittelalter bis in die Gegenwart kaum geändert hat. Europäische Truppen überfallen fremde Völker und wundern sich darüber, daß sie sich wehren. Statt nachdenklich zu werden und den Frieden anzustreben, diffamieren sie den Widerstand.

Gegen die Kreuzfahrer entfaltete sich in der arabischen Welt ein Breitspektrum von Widerstandsbewegungen. Eine – relativ minoritäre – Gruppe davon waren die „Nizāriten“, benannt nach dem fāṭimidischen Kronprinzen „Nizār“. Er wurde an der Thronfolge gehindert. Nizār trat für den konsequenten Kampf gegen die Kreuzaggressoren ein. Die Fāṭimiden hingegen sahen in den Kreuzfahrern den Vorteil, daß sie mit den Qarmaṭen, in deren Republik auch Palästina eingegliedert war, fertig werden sollten. Auf jeden Fall würden sich Kreuzfahrer und Qarmaṭen gegenseitig zermürben, ohne daß sich die Fāṭimiden einmischen müssen. Nizār mußte abdanken, betätigte sich jedoch als Widerstandskämpfer gegen die Kreuzfahrer weiter. Um ihn sammelten sich andere Freiheits-

6 Silvestre de Sacy, Mémoire sur la Dynastie des Assassins et sur l'origine de leur nom, 1809.

kämpfer. Die Widerstandsbewegung gab sich den Namen „(Q)assas" (im Colloquial „Assas" gesprochen). Die Mitglieder heißen folglich sing. „(Q)assas", pl. „(Q)assasin" (2.Stamm). Qassas (1. Stamm) bedeutet „Strafe", „Bestrafung" (der Aggressoren und Gewalttätigen). Es wird berichtet, das die Täter unter Marihuana (Haschisch) oder anderen Opiaten gestanden haben.
Von den Mitgliedern dieser Bewegung wissen wir, das sie sehr lange Ausbildungs- und Übungszeiten für ihre zukünftige Funktion verbracht haben. Wenn z.B. einer von ihnen die Aufgabe hatte, einen Auftrag am Hofe auszuführen, mußte diese Person viele Jahre in unteren Hilfsfunktionen verbringen, um mit der Zeit eine Funktion am Hof zu bekommen, von wo aus er z.B. die Liquidierung eines Wesirs oder gar Herrschers bewerkstelligen konnte.

Die endgültige Vertreibung der Kreuzfahrer aus der arabischen Welt

Der Standort der letzten und entscheidenden Schlacht gegen die europäischen Aggressoren trägt auch heute noch den Namen „al-Manṣūra". „Die Siegreiche" liegt in der Mitte des Nil-Deltas. Der Mamlūkensultan Ẓāhir Rukn ad-Dīn Baibars (1260-1277) steht in Ägypten bis heute ob seines endgültigen Siegs über die Kreuzfahrer in großen Ehren.

Der klare Sieg über die Kreuzfahrer verbreitet in Europa Furcht und Panik, denen es zu verdanken ist, daß die Europäer für eine für ihre Verhältnisse relativ lange Periode den Frieden des arabischen Ostens nicht mehr störten. Die Mamlūken haben seit dem Beginn ihrer Herrschaft ein konsequentes Verteidigungssystem der gesamten arabischen Region aufgebaut, so daß sich die Menschen endlich von den Aggressionen und der Furcht davor erholen und in Sicherheit leben und arbeiten konnten. Unter den blühten Kultur, Literatur, Wissenschaft und Architektur. Kulturelles Schaffen aus ihrer Zeit zeugt von Wohlstand und Wohlergehen breiter Schichten der Bevölkerung. Die Menschen konnten die Vorteile des Landfriedens spüren und genießen. Als Beispiel sei das Werk „Tausendundeine Nacht" genannt, das im mamlūkischen Kairo entstanden ist.

Für den arabischen Osten herrschten während der Mamlūkenherrschaft bis 1517 Ruhe, Sicherheit und Wohlergehen.

Die Europäer wollten sich aber nicht richtig zur Ruhe setzen. Sie starteten eine Serie von Angriffen zum Eindringen in Afrika vom Westen her.

Die Mamlūken erkannten den Handlungsbedarf und errichteten einen Verteidigungsring um den afrikanischen Kontinent. Der schwarze Kontinent durchlebt weiterhin das „goldene Jahrtausend" seiner Geschichte, so der von afrikanischen Historikern geprägte Ausdruck.

**Die Quellen zur Geschichte der „Kreuzzüge" sind nahezu ausschließlich arabisch: Tārīḫ ḥurūb al-Fringa.
Die wichtigsten sind:**

- Šaibānī (Schaibani, Ibn al-Aṯīr), al-Kāmil fī at-Tārīḫ.
- ʿAbd al-Karīm Šahrastānī (Schahrstani), al-Milal wa an-nihal (Hier benutzte Ausgabe: 2 Bde., ediert von: Mahna und Faʿur, Beirut (3. Aufl.) 1993).
- Nicht unberücksichtigt darf jedoch die Chronik des Erzbischofs Wilhelm von Tyr(us) (Sūr) sein. Er ist gebürtiger Palästinenser arabischer Muttersprache. Er war Zeitgenosse der Kreuzzüge. Er sammelte Informationen vor Ort, hat aber auch aus eigener Nähe zu den Ereignissen berichtet:
- Wilhelm von Tyr(us), Historia rerum in partibus transmarinis gestarum.
- Seine Arbeit reicht bis zur Ayyūbiden-Ära. Berichtet wird noch der Befreiungskrieg Sultan Ṣalāḥ ad-Dīns und die Schlacht von Hittin (Juli 1187), welche das Ende der Kreuzfahrer einleiteten. Möglich ist es, daß Wilhelm von Tyr um diese Zeit starb, im anderen Fall handelt es sich um ein später verlorengegangenes Fragment.
- Aziz Suryal Atiya, The Crusade in the Late Middle Ages, London 1938.
- Aziz Suryal Atiya, Kreuzfahrer und Kaufleute, Stuttgart 1964.

III. „Reconquista“ (1292-1507)

Während der westliche Sprachgebrauch für die europäischen Aggressionen gegen den arabischen Osten die Bezeichnung „Kreuzzüge“ prägte, werden die Aggressionen gegen den arabischen Westen als „Reconquista“ („Rückeroberung“) tituliert.

Die Kreuzzüge gegen den arabischen Osten haben unzähligen unschuldigen Menschen das Leben gekostet. Während zweihundert Jahre anhaltender Aggressionen haben die Europäer kein ihnen mögliches Verbrechen ausgelassen. Trotzdem konnten sie kein bleibendes Dominium aufbauen. Das totale Scheitern der Kreuzfahrer im arabischen Osten brachte im Vatikan kein Umdenken und keine Einsicht in die Notwendigkeit gutnachbarlicher Beziehungen und einer Friedenspolitik. Seit der endgültigen Vertreibung der Kreuzfahrer aus dem arabischen Raum (1292) konzentrieren sich die europäischen Aggressionen gegen den arabischen Westen.

Nach dem großen Sieg al-Manṣūrs erlangte der Andalus eine ruhige Phase, welche bis zum Ende des dreizehnten Jahrhunderts andauerte. Die Muwaḥḥidūn nutzten die Friedenszeit für den inneren Aufbau und Fortschritt. Städteplanung, Städtebau und Sanierungen werden in großem Stil in Angriff genommen. Kultur, Kunst und Musik erfahren einen großen Aufschwung. Die Architektur der Muwaḥḥidūn-Ära zeugt heute noch von Stabilität, Schönheit, Pracht und Großzügigkeit. Die Muwaḥḥidūn führten eine Bildungs- und Ausbildungsreform durch. Neue Schulbücher, welche die moravidischen ablösen sollten, wurden verfaßt. Vom Philosophen Ibn-Rušd (Averroes) (1226-1298), selbst ein Zeitgenosse al-Manṣūrs, erfahren wir, daß er der Schulbuchkommission angehörte und als Schulbuchautor und -koautor beauftragt war. Während im übrigen Europa nahezu hundertprozentiger Analphabetismus herrschte, war die Lese- und Schreibkultur im Andalus in Stadt und Land sehr verbreitet. Jede Ortschaft besaß ihre eigenen Schulen. Von einer einzigen Bibliothek wissen wir, daß sie einen festen Bücherbestand für die Ausleihe im Umfang von 400.000 Bänden (!) besaß. Bibliotheken, Sternwarten, Bäder, Infrastruktur, Straßenbeleuchtung, fließendes Trinkwasser, öffentliche Versorgung und effektive Verwaltung gab es in ganz Europa nur im Andalus. Sie gehörten zur selbstverständlichen Ausstattung der Ortschaften. Wissenschaft, Philosophie und Literatur der Muwaḥḥidūn-Ära gehören zum unsterblichen Erbe der Menschheit.

Die arabische Gesellschaft erfreute sich des Wohlstands. Askese und Strenge, wie sie unter den Murābiṭūn und während der frühen Muwaḥḥidūn geübt wurden, wurden von niemandem mehr verlangt.

Ruhige Zeit und Wohlstand führten dazu, daß die späteren Muwaḥḥidūn von den ursprünglichen Idealen der ersten Generationen abgewichen sind. Die Erben lebten nunmehr in Luxus und machen sich wie andere Menschen ein bequemes und schönes Leben. Auch die Entwicklung der Muwaḥḥidūn wird von Ibn-Ḫaldūn reflektiert und geschichtsphilosophisch interpretiert. In der arabischen Öffentlichkeit verbreitete sich die Friedenseuphorie.

Im christlichen Europa verlief die Entwicklung leider anders. Seit ihren wiederholten Niederlagen im arabischen Osten durch die Ayyūbiden und Mamlūken und im Westen durch die Murābiṭūn und Muwaḥḥidūn haben die katholischen Könige sich für den Krieg radikaler vorzubereiten versucht. Während zweihundertjähriger Kreuzkriege gegen Mašriq und Maġrib haben die Europäer von den Arabern viel gelernt: Technik, Medizin und andere Wissenschaften, aber auch Kriegsführung, Strategie und Logistik, nicht jedoch das Grundprinzip, daß der Frieden höher zu werten ist als der Krieg. Wer den Krieg beginnt, hat ihn politisch und moralisch – schon verloren. Der hart erkämpfte Friede wird sabotiert.

Was den arabischen Osten anbetrifft kann man sagen, daß die Aggressionen für die europäischen Raubritter ein totales Versagen waren, nichtsdestoweniger haben sie jedoch grausame Verbrechen verübt und Massen von Leichen hinterlassen.

Im arabischen Kulturgedächtnis ist die Erinnerung an die Kreuzzüge durch Gräueltaten, Brände und Massaker, denen die Einwohner ganzer Ortschaften zum Opfer fielen, geprägt. Außer Massengräbern, Ruin und Zerstörung von alldem, was sie nicht mitnehmen konnten, haben die „Kreuzritter" nichts hinterlassen. Besetzung von Territorien konnten sie nicht halten.

Seit dem ausgehenden 13. Jahrhundert konzentrierten die christlichen Europäer ihre aggressiven Energien gegen Andalus, den arabischen Staat in Südwest-Europa. Die katholischen Könige waren weltgeschichtlich die ersten, welche den Krieg als „Schlacht" im Sinne von „Menschen schlachten" verstanden und angewandt haben. Der heute noch gültige Ausdruck „Schlacht" ist wörtlich zu nehmen.

Seit Beginn der Kreuzzüge 1054 beweist der aggressive Westen, daß er Kriege gegen die Völker nicht etwa ausschließlich als ein militärisches Gefecht zwischen Armeen versteht. Der Krieg des Westens gegen die Völker geht vom Prinzip aus, daß es nicht auf die feindliche Armee allein, sondern auf die Vernichtung des angegriffenen Volks ankommt (Diese Kriegsstrategie wurde später in den USA rezipiert, zur Grundlage der Kriegsführung erhoben, in den Militärakademien lehramtlich als „*Annihilation of enemy people*" Soldaten und Offizieren beigebracht. Im Unterricht wird sie theoretisch aufbereitet und praktisch geübt. Seit Gründung der USA wird sie als die Kriegsmethode schlechthin bis heute praktiziert).

Gegen den arabischen Osten und Westen haben die Kreuzfahrer dieses Prinzip so radikal, wie es in ihrer Macht stand, angewandt. Nur wurden sie im Osten daran gehindert, es voll bis zur Ausrottung ganzer Völker durchzuführen. Die ersten Massaker, welche die Europäer verübten, haben den arabischen Widerstand wachgerüttelt. Die Invasoren wurden relativ rasch vertrieben. Der Schaden war nicht absolut. Die Kreuzfahrer wurden umzingelt, so daß ihre Zerstörungen in umschriebenen Grenzen geblieben sind.

Der Kollateralschaden, dem der arabische Osten entrinnen konnte, sollte auf der Iberischen Halbinsel nachgeholt werden. Im arabischen Westen waren die Opfer unter der Zivilbevölkerung ungleich größer als im Osten. Die „Heiligen Katholischen Könige" zogen sich bei Abwehr zurück, heuchelten Friedensbereitschaft vor und warteten auf die nächste politische Schwäche und militärische Lücke, um sofort mit massivem Schlag zu überraschen.

IV. Europäische Aggressionen im 14. und 15. Jahrhundert

Die Besetzung des Südwestens des Andalus durch die „Reconquista"
Die hochgradig konziliante Politik des arabischen Staates Andalus wurde von den Europäern maßlos ausgenutzt.

Da sich der arabische Osten gegen europäische Angriffe als wehrhaft erwiesen hat und alle Einfallspforten für die Aggressoren geschlossen wurden, haben die Europäer ihre Kriege auf den Andalus konzentriert.

Mit der Besetzung des Südwestens vom Andalus, darunter der arabischen Metropolen Algarve und Aljubarrota im Jahr 1385, endet die sog.

portugiesische Reconquista. Der Restandalus akzeptierte den separatistischen Staat Portugal. Letzteres brach mit der bisherigen Toleranzkultur. Es stützte sich ausschließlich auf christlich-europäische Bevölkerung als soziale Basis nach dem Prinzip „ein Staat – eine Religion“. Mit der Gründung Portugals werden die Terrormethoden aus dem übrigen Europa nach Iberien gebracht. Nicht-Christen werden vertrieben oder der physischen Liquidierung ausgesetzt.

Indes differenzierte die Reconquista ihre Verfolgungspolitik. Sie erwarb ein Maximum von arabischen Fachleuten und Wissenschaftlern und mit ihnen ein unermeßliches Knowhow. Auch unter portugiesischer und spanischer Herrschaft haben die arabischen Seefahrer die Nautik getragen und bildeten weiterhin Nachwuchskräfte aus. Das nautische Fachwissen, das bisher dem Frieden und dem Wohlergehen der Völker diente, wird von da an für die expansiven Zwecke der christlichen Eroberer mißbraucht.

Es wird sich zeigen, welche katastrophalen Folgen die christliche Enklave Portugal für Schwarzafrika und den gesamten Süden hat. Denn von Portugal aus werden der Menschenhandel mit Afrikanern und ihre Versklavung seit 1441 betrieben. Von Portugal breitet sich der europäische Kolonialismus weltweit aus. Erstmalig werden die Sicherheit bei Seereisen und der Welthandel bedroht und durch kolonialistisches Recht legitimiert, nach dem alle Weltmeere dem portugiesischen König gehören sollten.

Die christlichen Europäer planten nun eine doppelte Strategie, die man eher als „Flucht nach vorne“ bezeichnen könnte. Gegen den arabischen Westen drängen sie schrittweise vor und sehen von einer Eroberung des gesamten Andalus durch einen Entscheidungskrieg vorerst ab. Gleichzeitig greifen sie den arabischen Osten an. Hinter dieser doppelten Strategie steht die naive Vorstellung, die arabische Welt synchron von Westen und Osten in die Zange zu nehmen. Soweit ist es nie gekommen und hätte auch nie kommen können. Es ist ganz klar, daß die Europäer gar keine Vorstellung von den räumlichen Dimensionen hatten und sich kein Bild von den geographischen Größenordnungen, Entfernungen und Beziehungen jenseits Europas machen konnten.

Es trifft zu, daß die christlichen Europäer wiederholt in ein militärisches Vakuum vordringen wollten, doch jedesmal vor einer festen Widerstandsfront standen. Die arabische Abwehr konnte rasch aufgebaut, die Invasoren vertrieben werden. Während Plünderungen, Mord- und Raubzüge gegen den arabischen Osten (1097-1292) letztlich doch entscheidend zurückgeschlagen werden konnten und den Europäern keine bleibenden territorialen Gewinne brachten, gehen die christlichen Aggressionen gegen den arabischen Westen weiter.

V. Die Zerschlagung des arabischen Staats „Andalus“ in Südwest-Europa durch die Allianz der „Heiligen Katholischen Könige“ (bis 1507)

Die letzte arabische Dynastie in Andalus, Banū al-Aḥmar, war ausgesprochen pazifistisch eingestellt. Auf diese Einstellung haben die Herrscher im übrigen Europa gewartet. Sie waren von Expansions- und Kriegssucht solchermaßen besessen, daß sie sich nicht einmal die Option überlegten, die Vorteile von Frieden und gutnachbarlichen Beziehungen zu erwägen geschweige denn anzustreben. Zu spät erkennen die al-Aḥmar die Gefahr. Die Europäer haben diesmal einen Vernichtungskrieg geplant und durchgeführt. Die Mobilmachung gegen den Rest-Andalus war gnadenlos. Das Volk in Andalus schrie um Hilfe und forderte seinen Staat zum Durchgreifen auf. Die Bevölkerung des Andalus mit seinen Muslimen, Christen und Juden erhob sich. Die „Reconquista“ verhängte Hungerblockaden gegen Städte und Dörfer. Die Menschen starben in Massen. Entweder verhungerten sie unter dem Belagerungszustand oder wurden auf der Flucht ermordet. Die kleine arabische Armee war zu diesem Zeitpunkt außerstande, den Aggressoren mit wirksamer Stärke zu begegnen. Ihre Abwehrvorkehrungen waren dem massiven Übergewicht der „Reconquistadoren“ nicht angemessen. Sie konnte die Verbrechen der Reconquista an der Zivilbevölkerung nicht mehr verhindern. Gleichwohl leistete die Verteidigungstruppe zusammen mit dem Volk des Andalus heroischen Widerstand. Die Banū al-Aḥmar schickten Gesandte in andere arabische Länder. Doch war es für alle Abwehrmaßnahmen zu spät. Die „Reconquista“ drang immer tiefer in das Landesinnere hinein. Nach einer Serie von Städtebelagerungen, Hungerblockaden und Massakern, welche die „Heiligen Katholischen Könige“ an der arabischen Bevölkerung verübten, flohen die letzten Überlebenden – Muslime, Christen und Juden – nach Marokko und in das übrige Nord-Afrika. Als letzte Stadt fiel Ġirnāṭa, später in Granada umbenannt. Im Jahr 1507 hörte al-Andalus, der arabische Staat in Südwest-Europa, endgültig zu bestehen auf. Die letzten verbliebenen arabischen Gemeinden konnten ihr Überleben gegen eine Umsiedlung nach Süd- und Mittel-Amerika erreichen.

Geschichtsrevision ist notwendig: Die christlichen Aggressionen gegen Andalus gehen in die europäische Geschichtsschreibung als „Reconquista“ ein. Hierbei handelt es sich um eine eklatante Geschichtsfälschung. „Reconquista“ bedeutet „Rückeroberung“, „Wiederherstellung eines Zustandes, der zuvor bestanden hat“. Das trifft auf die Iberische Halbinsel nicht zu. Bei der „Reconquista“ handelt es sich um einen Aggressionskrieg, eine Invasion mit dem Ziel, über einem fremden Land und über dem Blut des authentischen Volks einen Siedlerkolonialismus zu errichten. Die Invasoren kamen von außen, nicht von innen her. Sie wollten mit der Bevölkerung des Landes nicht zusammenleben. Dafür vertrieben oder massakrierten die Eindringlinge die einheimische Bevölkerung und errichteten über ihrem Ruin einen siedlerkolonialistischen Staat.

Literatur zum
Kultureinfluß des arabischen Andalus auf das übrige Europa

- Richard Fletcher, Moorish Spain, Berkley 1992.
- Richard Fletcher, The Quest for El Cid, London 1989, 1991.
- Thorkild Schioler, Roman and Islamic Water lifting Wheels, Odense (University Press) 1973.

VI. Europäische Aggressionen gegen die arabischen Staaten Afrikas

Mit der Besetzung des Andalus und der Vertreibung seiner arabischen Bevölkerung nach Nordafrika boten die arabischen Staaten dem Vatikan und der Allianz der „Heiligen Katholischen Könige“ erneut Frieden und nachbarliche Koexistenz an. Diese nahmen das Angebot an. Es dauerte jedoch nicht lange, bis sich herausstellte, daß es nur eine geheuchelte Zustimmung oder gar ein Betrugsmanöver der Europäer war. Sie wollten keineswegs mit der Besetzung der Iberischen Halbinsel ihre Expansionsgelüste beenden. Vielmehr zeigt sich jetzt der eigentliche Sinn des neuen Siedlerstaats auf der Iberischen Halbinsel: Er soll als Sprungbrett und Brückenkopf nach Afrika dienen.

Nun machen die Christen wieder mobil gegen die arabischen Staaten Nordafrikas. Wie wenig die Europäer in der Lage sind, ihre tatsächlichen Kräfte realistisch einzuschätzen, zeigt sich in den schweren Niederlagen, die sie hintereinander in Nordafrika einstecken mußten.

Weitere Friedensangebote von arabischer Seite mußten letztlich ebenfalls scheitern.

Erneut versuchen die Europäer, ihre Zangenstrategie gegen die Araber anzuwenden. Wir nennen die wichtigsten Fälle:

(1) 1098 — und folgende Jahre: Versuch eines ersten Doppelangriffs gegen den arabischen Osten und den arabischen Westen. Beide Angriffe scheitern. Die Aggressoren werden aus beiden Himmelsrichtungen zurückgeschlagen.

(2) 1258-1260 — nimmt der Vatikan Kontakt zu den Mongolen bzw. Tataren auf, um sie für seine Militärstrategie zu gewinnen. Die Mongolen sollten im Osten von Irak und Syrien kommend angreifen, die „Heiligen Katholischen Könige“ greifen die Araber vom Westen an. Über Nordafrika wollen sie ostwärts marschieren, den vom Osten westwärts vorrückenden Mongolen entgegenkommen und so die Araber in die Zange nehmen. Die Mongolen marschierten in den Irak ein, eroberten Bagdad und zogen weiter nach Syrien. In ihrer Siegeseuphorie wollten sie auch Ägypten besetzen, wurden

jedoch noch vor der Landesgrenze bei ʿAin Ǧālūt von den ägyptischen Streitkräften unter den Mamlūken zurückgeschlagen. Indes war ihnen die Allianz mit dem Vatikan nichts wert. Sie lehnten das Angebot des Heiligen Stuhls vorbehaltlos ab, ohne sich bei ihm für seine Hilfsbereitschaft zu bedanken.

(3) Zwölftes und dreizehntes Jahrhundert: Die europäische Einkreisungsstrategie stand immer wieder auf dem Plan. Die „Kreuzfahrer“ sollten vom Osten kommen und westwärts vorrücken, während die „Reconquista“ vom Westen ostwärts schreitet, um die Zange um die arabische Welt zu schließen. Der naive Traum wurde so oft versucht und ebenso oft zum Scheitern gebracht.

(4) 1507-1517 Die Osmanen rücken vom Osten kommend westwärts vor. Rasch besiegten sie die inzwischen dezentralisierten arabischen Länder von Syrien über Palästina bis Ägypten. Der arabische Raum hat sichtlich von seiner bisherigen Stärke verloren, und er ist wie kaum in seiner bisherigen Geschichte geschwächt worden. Die „Heiligen Katholischen Könige“ sahen ihre historische Stunde gekommen. Sie überrannten rasch Marokko, Algerien und Tunesien. Sie trafen sich mit den Osmanen in Tripolis. Endlich funktioniert die Zangenstrategie – dachten die Europäer. Zu früh haben sie sich gefreut. Die Osmanen brauchten sie nicht. Die Europäer wurden aus ganz Afrika vertrieben. Nordafrika wird von den Osmanen erobert. Im Jahr 1518 besetzen sie Marokko.

VII. Die Inquisition
Wer war von der Inquisition betroffen?

Leider ist auch diese tragische Frage von Legendenbildungen der europäischen Geschichtsschreibung nicht verschont geblieben. Es ist ganz klar, daß sich die Inquisition gegen jene Europäerinnen und Europäer richtete, die islamisches Gedankengut, arabische Philosophie, Wissenschaft und Kultur rezipiert und sich zu eigen gemacht haben. Ziel der Inquisition waren arabophile und islamisch orientierte Europäer. Ganz besonders betroffen waren Averroistinnen und Averroisten.

Im Jahr 1210 hat der Vatikan eine Enzyklika erlassen, die das Studium oder die Weitergabe der Bücher des arabischen Philosophen Averroes (Ibn-Rušd, gestorben 1198) verbietet. Verfolgung, Verurteilung, Folter und Feuertod von Oppositionellen werden seit 1232 (durch Papst Gregor IX.) durch Glaubensgerichte (Inquisition) institutionalisiert und systematisch verschärft. Europäer gelten somit als Erfinder der Folter und Foltermethoden. Die staatlich bzw. kirchlich institutionalisierte „Folter" ist ein rein europäisches Novum. Erst später wurde sie auch in andere außereuropäische Länder exportiert.

Während in Europa Inquisition, Gesinnungskontrolle, Verurteilungen, Verbrennungen und Scheiterhaufen auf der Tagesordnung waren, stellte die arabische Welt einschließlich des Andalus im Südwesten Europas ein Paradies der Glaubensfreiheit und der Toleranz dar. Dissidenten aus dem übrigen Europa flohen in Richtung Andalus. Sie waren erst gerettet, wenn sie die Grenze vom christlich kontrollierten Teil in den Andalus überschritten haben.

Zur Glaubensfreiheit und Toleranzpolitik des Andalus kam der Pazifismus hinzu. Unbeirrbar praktizierte der arabische Staat die drei grundsätzlichen Säulen seiner Politik – Religionsfreiheit, Toleranz und Frieden (ḥurriyyat al-ʿaqīda wa al-fikr, tasāmuḥ, salām). Diese Prinzipien waren als unerschütterliche Verfassung des Staats fest verankert. Ihre Festigkeit war gerade das Element, welches von den übrigen Europäern mißbraucht wurde. Die Grundsätze der Toleranz machten es der Reconquista leicht, auf dem Boden des Andalus zu expandieren. Mit der Reconquista kam die Inquisition auf die Iberische Halbinsel. Dieser Hintergrund liefert die Erklärung dafür, warum die Inquisition erst spät auf der Iberischen Halbinsel installiert, dann aber in aller Härte praktiziert wurde.

Während die Inquisition in anderen Ländern Europas zum Teil seit dem zwölften Jahrhundert praktiziert wurde, hat sie vor den Grenzen des Andalus haltgemacht. Erst 1536 wurde die Inquisition in Portugal eingeführt. Jetzt wird sie von der Reconquista auf dem Boden des gesamten ehemaligen Andalus in aller Brutalität umgesetzt.

In Portugal wird sie 1536 als staatlich-kirchliche Institution eingerichtet. Betroffen sind christliche Dissidenten; Nicht-Christen hatten ohnehin keine Lebenschance in dem christlichen Staat. Kirche und Staat legitimierten die Inquisition und ihre Foltermethoden gegen oppositionelle Frauen und Männer. Es sind namentlich jene Sympathisanten des Islams und die Anhänger arabischer Philosophie und Wissenschaft.

Wer nicht auf den Scheiterhaufen kam, landete in den furchtbaren Gefängnissen und Folterkammern der Inquisition. Lebenslängliche Strafen wurden verhängt. Betroffene konnten den Rest ihres Lebens in den Strafzellen des Kirchenstaates verbringen. Außerhalb der Gefängnisse herrschte ebenfalls der Terror. Arabische Bücher und Übersetzungen aus dem Arabischen wurden öffentlich verbrannt – zuallererst die Werke Ibn-Rušds (Averroes).

In Spanien und Portugal bestand die Inquisition bis in das neunzehnte Jahrhundert hinein.

VIII. Die kolonialistische Pervertierung der Wissenschaft und des nautischen Fachwissens

Die Europäer erlangten Wissen über die Seefahrt durch kooperationsbereite arabische Nautiker und Seeleute aus dem Andalus. Nach der Reconquista ging die arabische Hochseeschule an der Atlantikküste in portugiesische Hand über. Nautik, Schifffahrtskunde, Navigationstechniken, Instrumente und Instrumentenanwendung wurden von arabischen Lehrmeistern unter portugiesischer Herrschaft weiterhin unterrichtet. Qualifizierte arabische Seefahrer und Professoren dienten weiterhin unter dem portugiesischen Katholizismus. Erfahrene arabische Nautiker bedienten die komplizierten Maschinen. Sie kartographierten die Welt. Seit der Wende zum zweiten Jahrtausend erstellten sie Seekarten mit Angabe von Breiten- und Längsgraden (Diese kartographische Methode wurde erst im späten achtzehnten Jahrhundert in Europa rezipiert). Die christlichen Könige kamen so in den Besitz von See- und Landkarten, die zur Eroberung der Welt mißbraucht werden. Ihre Anwendung blieb jedoch unverändert in der Hand von Arabern, die Seekarten lesen und technische Instrumente, z.B. Astrolabien, benutzen konnten.

Somit gelangten Portugiesen und Spanier zu nautischem und navigatorischem Wissen. Erstes Opfer wurde Schwarzafrika, denn die Europäer müssen nun nicht über die für sie gesperrte Nordküste in Afrika eindringen. Der Seeweg wurde für sie jetzt erschlossen. Über den Atlantik gelangten die Portugiesen nach Westafrika.

IX. Europäische Aggressionen gegen Afrika – Menschenhandel und Versklavung

Mit der Errichtung Portugals bauen die christlichen Europäer eine Brücke und ein Sprungbrett nach Afrika.

Die europäischen Überfälle zur Versklavung der Afrikaner – Menschenjagd und Sklavenhandel (seit 1441) (I)

Afrika war für die Europäer vom Norden her gesperrt. Zu stark waren die arabischen Staaten im Norden, als daß die Europäer in den Kontinent eindringen konnten. Die Situation änderte sich durch die „Reconquista".

Seit 1441 führt Europa, zunächst Portugal allein, dann eine westeuropäische Allianz, den Krieg gegen die afrikanische Bevölkerung. Die europäischen Staaten koordinierten ihre Aggressionen gegen Afrika. Hauptziel ist die Jagd auf Menschen und ihre Deportation nach Europa. Seit dem achtzehnten Jahrhundert spezialisiert sich Europa auf den Handel mit Sklaven zum weiteren Verkauf an die USA.

Afrikaner, die vor der Menschenjagd flohen, wurden entweder ermordet oder, zur Abschreckung anderer, verunstaltet. Ihnen wurde der Fuß oder die Hand abgehackt. Sie starben in Massen durch die europäischen Menschenjäger. Unter den unmenschlichen Transportbedingungen und der Raumenge auf dem Schiff im Verhältnis zu den deportierten Massen starben viele. Verfolgung und Tod begleiteten die Deportierten nach ihrer Ankunft im Zielgebiet.

Seit 1492 findet die Conquista statt, das heißt, der Beginn der europäischen Besetzung des amerikanischen Doppelkontinents. Das Ereignis steht auch für den Beginn des Genozids an der authentischen Bevölkerung Amerikas. Den europäischen Verbrechen fallen über hundert Millionen Indigenas zum Opfer.

Mit der Errichtung des europäischen Siedlerkolonialismus auf amerikanischem Boden seit 1492 erlangte der Sklavenhandel eine neue Dimension. Von da an baut der europäische Handel mit Sklaven auf ein Dreieckskonzept auf. Die physische Liquidierung der Indigenas Amerikas und der steigende Bedarf an Arbeitskräften werden durch die gewaltsame Evakuierung von Afrikanern über Europa nach Amerika kompensiert.

Die festgenommenen Afrikaner und in Ketten gelegte Menschen wurden zunächst vom Festland auf Inseln vor der afrikanischen Westküste gebracht, um sie von Befreiungsaktionen fernzuhalten. Arabische Seefahrer und Widerstandskämpfer verfolgten die europäischen Entführer weit auf dem Ozean. Sie konnten die Route der Raubschiffe dadurch verfolgen, daß die Leichen verstorbener Afrikaner von Bord geworfen wurden. Noch auf Hoher See führten arabische Widerstandskämpfer Gefechte mit den Europäern. Davon zeugen vor allem die Berichte europäischer Kolonialisten.

Die Europäer vermieden das Anlegen in arabischen Häfen. Arabische Schiffe haben den Sklavenhandel sehr begrenzt, ihn aber nicht verhindern können. Die Europäer mußten zunächst große Bögen um den afrikanischen Kontinent schlagen. Die entführten Menschen wurden von ihnen auf die Inseln vor der afrikanischen Küste gebracht. Von dort steuerten die Schiffe mit den verschleppten Menschen dann die nächstliegenden amerikanischen Häfen in der Karibik und anderen Ländern an.

Die afrikanischen Menschen leisteten ihrerseits heroischen Widerstand. Dafür starben sie in Massen. Dorfgemeinschaften, die sich nicht ergeben wollten, wurden von den Europäern restlos vernichtet. Wer nicht in der Abwehr starb, fand den Tod auf dem Schiff. Die Überlebenden waren unvorstellbaren, unmenschlichen Transportbedingungen und der Vermassung auf engstem Raum ausgesetzt. Nach ihrer Auslieferung und Verkauf setzten sie den Widerstand fort. Hier fanden wiederum viele den Märtyrertod. Im Kampf gegen Gefangennahme und Versklavung legen die Afrikaner ein ewiges Zeugnis der Ungebrochenheit und Freiheit ab.

Nach den neuesten Berechnungen afrikanischer Forscher, unter anderem des Physikers und Afrikaforschers Sheikh Ante Diop (jr.), sind 460 Millionen Afrikanerinnen und Afrikaner im Krieg gegen Sklaverei und Kolonialismus gestorben.[7] Die Folgen des Sklavenhandels und der Kolonisierung durch die europäischen Staaten waren neben dem mörderischen Menschenhandel, der die Verringerung der Bevölkerung um mehrere hundert Millionen Einwohner bewirkte, die Zersetzung der afrikanischen Staaten und ihren Gesellschaften in allen Lebensbereichen. Er verursachte die größte und am längsten dauernde menschliche Zerstörung, die die Welt je gesehen hat.[8]

X. Was ist Kolonialismus?

Wir bezeichnen mit dem Begriff „Kolonialismus" die Epoche, in der europäische Staaten vermittels massiver Aggressionen afrikanische, asiatische sowie süd- und mittelamerikanische Länder angegriffen und besetzt haben. Wir datieren den Kolonialismus auf den Zeitraum von etwa 1500 bis zum letzten Drittel des 20. Jahrhunderts.[9]

Der Kolonialismus bedeutete für die betroffenen Völker dieser Länder grausamste Unterdrückung, Ausplünderung, Ausbeutung und Verfolgung. In dem Maße, wie sie verarmten, wurden die Kolonialstaaten reicher und wohlhabender. Den besetzten Völkern wurden ausserdem fingierte, extrem hohe Schulden auferlegt, die von den Unterjochten regelmäßig gezahlt werden mussten. Davon profitierten vor allem die –noch heute existierenden- europäischen Banken, die heute noch existieren. Die Handelshäuser in den europäischen Staaten mit Besitz in Afrika, Asien und Lateinamerika zogen allen Reichtum aus den kolonisierten Ländern ab. Die Reedereien steigerten ebenfalls ihre Profite in hohem Maße. Die europäischen Siedler in den kolonisierten Ländern mussten nicht arbeiten, um sich zu versorgen. Es verbreitete sich der Parasitismus. Die europäischen Völker standen hinter der Politik ihrer Staaten in den Kolonien.
Der Widerstand der Völker in den afro-asiatischen und süd-mittelamerikanischen Staaten wurde durch die Europäer militärisch mit aller Brutalität unterdrückt. Es gab mehrere Genozide; die Zahl der Toten ging in Millionenhöhe.

Es stellt sich die Frage, warum es den Europäern möglich war, die Länder der Dreikontinente zu besetzen?

---

7 Cheikh M'Backé Diop, Cheikh Anta Diop: Mensch und Werk, S. 114f, in Bouba/Quintern (Hg), Das Bild von Afrika, Berlin 2010.

8 vergl. Diop, S. 114

9 s.a. „Charaktermerkmale des europäischen Kolonialismus" in diesem Buch S. ##

In Afrika, Asien und Süd-Mittelamerika herrschte eine Friedenskultur. Kriege waren geächtet. Waffen wurden fast ausschließlich für die Jagd und zur Verteidigung produziert. Die Völker waren nicht nur im Besitz der für Waffen notwendigen Rohstoffe, sondern sie kannten auch das know-how ihrer Verarbeitung. Trotzdem produzierten sie bewusst keine Waffen, sondern konstruktive Geräte für das Leben im Alltag.

Ein Beweis für die strategische Überlegenheit der Völker des Südens gegenüber den Europäern ist die Tatsache, daß, sobald sich die Notwendigkeit des Befreiungskampfes stellte, die Befreiungsbewegungen in allen Ländern des Südens enorm opferbereit und unbestreitbar siegreich waren, obwohl sie keine schweren Waffen wie die Europäer hatten.
Nachdem sich die Länder Süd- und Mittelamerikas, Afrikas und Asiens vom Kolonialismus befreit hatten, blieben sie jedoch oft noch strukturell abhängig.

Dazu ist jedoch noch zu sagen, daß mit der Erlangung der politischen Unabhängigkeit das Kapitel „Kolonialismus“ nicht abgeschlossen ist. Als nächstes muß das Erbe des Kolonialismus liquidiert bzw. überwunden werden:

1) Die Kolonialstaaten müssen die geraubten Güter abrechnen und bezahlen. Geraubte Antiquitäten, Kunst, Handschriften und sonstige Güter müssen an ihre legitimen Besitzer zurückgegeben werden.
2) Zu Unrecht abgepresste Schulden und Zinsen müssen zurückgezahlt werden.
3) Die europäischen Staaten einschließlich der USA müssen Wiedergutmachung an die geschädigten Völker zahlen.
4) In allen europäischen Schulen muss „Kolonialismus“ als Unterrichtsfach eingeführt werden.

5. Der europäische Krieg gegen die Welt Das europäische Programm: „Annihilation außereuropäischer Völker“

Der europäische Krieg gegen die Welt hat in Europa selbst begonnen:

I. Inquisition, Kreuzzüge und Reconquista – Gleichschaltung und Einheitsdenken
II. Zerstörung der übrigen Kontinente
 1. Amerika
 2. Die Annihilation der amerikanischen Völker
III. Der europäische Krieg gegen den Süden wird ausgedehnt – Menschenjagd und Sklavenhandel (2)
 1. Die Annihilation gegen die Afrikaner
IV. Zerstörung Asiens
V. Annihilation der australischen Völker
VI. Philippinen
VII. Europa gegen die Menschheit

I. Inquisition, Kreuzzüge und Reconquista – Gleichschaltung und Einheitsdenken

Achthundert Jahre andauernder Inquisition bedeuteten grausame Verfolgung von Dissidenten in Europa selbst. Opfer waren ganz besonders die Anhänger der Philosophie von Ibn-Rušd, des Averroismus, ferner Muslime, Islamophile und Arabophile. Diese Gruppen waren Träger der arabischen Wissenschaften, der arabischen Philosophie und des Laizismus. Aus diesen Kreisen gingen Aufklärer, Rationalisten und Kritiker kirchlicher, staatlicher und gesellschaftlicher Verhältnisse hervor.

Die philosophischen Zirkel um das averroesische Denken wurden von der Inquisition systematisch aufgespürt. Die Anhänger und Sympathisanten Ibn-Rušds wurden in die Straf- und Folterkammern verschleppt, wo sie Jahre oder gar den Rest ihres Lebens verbringen mußten. Die führenden Köpfe starben eines grausamen Todes. Andere landeten auf dem Scheiterhaufen. Noch mehr Menschen fielen der planmäßigen physischen Liquidierung ganzer Gemeinden zum Opfer, weil sie einen anderen Weg gehen wollten als den kirchlicher Obrigkeit und ihrer verordneten Dogmatik. Durch Inquisition und Verfolgungszüge kamen nach vorsichtiger Schätzung dreißig Millionen Menschen um, ein extrem hoher Prozentsatz der damaligen europäischen Bevölkerung.

In Europa zurückgeblieben sind Homogenisierung, Konformismus und Einheitsdenken. Durch die Inquisition und die Etablierung der kirchlichen Dogmatik wurden die Voraussetzungen zum Aufbau einer Aggressionskultur geschaffen, welche Angriffskriege, Zerstörungen und Annihilation möglich machten.

Die organisierten, systematischen und kontinuierlich durchgeführten Aggressionen starteten 1054. Die eine Marschrichtung führte in den arabischen Westen, zum Andalus. Die andere, ab 1096, zog gen Osten. Eine unaufhörliche Sequenz von Angriffskriegen und Raubzügen hatte damit begonnen.

Die Geschichtsliteratur stellt die serienmäßigen Aggressionen als getrennte Ereignisse dar. Jeder Krieg erhält einen speziellen Namen; ein besonderer Kontext wird konstruiert, so daß der Gesamtzusammenhang aus den Augen verlorengeht. Beispiel: Die Überfälle gegen den Andalus (1054-1507) werden als „Reconquista", die Aggressionen gegen den arabischen Osten als „Kreuzzüge" bezeichnet.

Die westwärts ziehende Marschrichtung führte über Frankreich nach Südwest-Europa. Auf der Iberischen Halbinsel mit Ausdehnung über die Pyrenäen hat der fortschrittlichste Staat Europas, der Andalus, zu dem auch Südfrankreich zählte, bestanden. Die fünfhundert Jahre anhaltenden Aggressionen gegen Andalus laufen in der europäischen Geschichtsschreibung unter dem Ausdruck „Reconquista" und suggerieren damit einen besonderen historischen Auftrag, der unabhängig sei von den Aggressionen, die ostwärts zogen. Die beiden Serien von Angriffskriegen gehören jedoch unzertrennlich zusammen. Ziel ist der Ruin anderer Völker, um von ihrem Genozid zu profitieren. Seit dem Sieg des christlichen Europas, der Vertreibung oder der Annihilation der Völker des Andalus, ist Europa gleichgeschaltet. Bis heute wird das Verbrechen an den südwesteuropäischen arabischen Völkern des Andalus in der europäischen Literatur kaum eingestanden.

II. Zerstörung der übrigen Kontinente

Mit dem Rücken frei im eigenen Kontinent konnte die in Europa begonnene Annihilation in Übersee fortgesetzt werden.

1. Amerika

Im Jahr 1498 erreichten die ersten Europäer Amerika auf der Höhe der Karibik. Sie haben angenommen, sie seien in Indien gelandet. Das Kapitel der frühen europäisch-amerikanischen Kontakte ist mit vielen Legenden umwoben, einschließlich einer angeblichen Entdeckung durch „Christoph Columbus". Von einer Entdeckung kann man nicht reden. Schon lange vor Christoph Columbus bestanden arabisch-amerikanische Kontakte. Die ägyptischen Mamlūken haben sogar Seekarten erstellt. Die Europäer wußten nicht, daß es nördlich der Karibik noch ein Nordamerika gibt. Erst die arabischen Seeleute, die an der Expedition teilnahmen, wiesen sie darauf hin, daß nördlich der Karibik Festland sei.
Kontakte zwischen Ägypten und Amerika haben bereits unter den Pharaonen bestanden. Bei der Wandmalerei im Tal der Könige sind Stoffe angewendet worden, die nur in Amerika vorkommen und in Ägypten als Farbstabilisatoren verwendet wurden. Obwohl die Pharaonen und später die Mamlūken durchaus im Stande gewesen wären, Amerika zu erobern und zu besetzen, haben sie bewußt einen solchen Versuch ausgeschlossen.

Es sind erstmalig die Europäer, die eine Unterwerfung Amerikas unternommen haben. So kam es dazu, daß die Amerikas zu Siedlerkolonien der Europäer wurden. Während der Süden Amerikas vor allem durch Portugal und Spanien besetzt wurde, waren im Norden die Engländer und Franzosen vorherrschend.

Im achtzehnten Jahrhundert reifte das Bewußtsein von der Notwendigkeit des organisierten Befreiungskampfes gegen Ausplünderung, Ausbeutung, Massaker und Menschenvernichtung heran.
Die Entschlossenheit zum Befreiungskampf mit der Perspektive des Sieges war im neunzehnten Jahrhundert voll ausgereift. Die indigenen Völker Amerikas halten ihre frühen Führer wie Sandino und Bolivar in hohen Ehren. Südamerikanische Länder, Bewegungen und Organisationen tragen stolz ihren Namen. Es muß jedoch leider auch festgestellt werden, daß kein einziges amerikanisches Land eine der Originalsprachen Amerikas als Amts- oder Schulsprache verwendet, sondern nur die Kolonial-

sprachen spanisch und portugiesisch. Die weißen Einwanderer aus Europa beherrschen bis heute ohne gleichberechtigte Beteiligung der Indigenen die reale Macht in Amerika.

Das Thema Amerika bedarf einer eigenen Monographie, um die 500 Jahre von Eroberung, Ausplünderung und Vernichtung zu dokumentieren.

2. Die Annihilation der amerikanischen Völker

Mit der Vernichtung ganzer Völker Amerikas wurden auch die Spuren des Verbrechens ausgelöscht. Ebensowenig bekannt sind die Methoden der Annihilation. Die Opfer konnten sie nicht mehr aufschreiben. Die Schlächter hüteten sich davor, Beweismittel preiszugeben. Die finstersten Kapitel der Menschheit sollten im Dunkeln der Geschichte bleiben. Auch heute noch interessieren sich Europäer und europäische Historiker nicht für die Schließung dieser Forschungslücken.

Die Universalistische Geschichtstheorie hingegen widmet der Frage von Annihilationsopfern besondere Aufmerksamkeit. In der „Universalistischen Erkenntnis- und Geschichtstheorie“ hat der Autor Karam Khella Methoden zur Erforschung von nicht schriftlich überlieferter Geschichte entwickelt. Sie lassen sich auch auf die Geschichte Amerikas anwenden. Die Aufarbeitung der amerikanischen Geschichte vor der Conquista sollte freilich als ein Forschungsprogramm für Generationen aufgefaßt werden, wobei jede Generation ein Stück Arbeit für eine integrierte Geschichte leisten wird.

Bedeutsamste Quellen sind die heute noch bestehenden Gemeinschaften der Indigenas. Sie sind im Besitz von teilweise oral überliefertem Wissen. Paläontologie und Archäologie liefern wertvolles Material. Aber selbst schriftliche Notizen der Weißen lassen sich unter den hier gestellten Fragestellungen auswerten, wobei große Sorgfalt und kritische Distanz geboten sind.

Falsch ist der von europäischen Historikern vertretene Konsens, daß es sich um einen „militärischen“ Sieg gehandelt habe. Gestützt wird diese These damit, daß die Europäer im Besitz von Feuerwaffen und intellektueller Überlegenheit gewesen seien.

Wohlwollend wird von europäischer Seite auch die These vertreten, daß die Weißen Viren und Bakterien in die Neue Welt gebracht haben, gegen die die Indigenen keine Antikörper und Immunabwehr besaßen und deshalb starben. Mag sein, doch liefert die epidemiologische These keine befriedigende Erklärung, wenn es um die Vernichtung von Millionen Menschen geht, die in voneinander weit entfernten Regionen Amerikas lebten. Des weiteren werden im Verlauf einer Epidemie Antikörper und damit Immunität herausgebildet, so daß es zu einem relativen Stillstand der Morbidität und Letalität kommt. Die epidemiologische These ist nicht geeignet, den Genozid zu erklären. Sie sollte wohl dazu dienen, ihren Urhebern einen Sündenbock zu liefern.

Die Universalistische Erforschung der Geschichte Amerikas liefert ein anderes Bild. Die Europäer wurden von den autochthonen Amerikanern gastlich aufgenommen. Die Europäer mißbrauchten das Gastrecht und nutzten es für den Zweck aus, ihre eigenen Gastgeber heimtückisch zu liquidieren.

Im Lauf der Zeit fühlten sich die Europäer stark genug, eine militärische Konfrontation mit den Indigenen zu provozieren. Auf den Territorien der späteren USA haben die Aggressionen gegen die Indigenen im Jahr 1604 durch die Franzosen, dann ab 1607 durch die übrigen europäischen Siedler begonnen.
In diesen Kriegen waren die Europäer unterlegen und außerstande, die Indigenen militärisch zu besiegen. Sie konnten kaum strategisch planen und wurden von den amerikanischen Völkern zurückgeschlagen.

Archäologische Funde liefern sichere Anhaltspunkte dafür, daß die autochthonen Völker Amerikas durchaus imstande waren, Waffen zu produzieren. Die Indigenen haben Waffen und Waffenproduktion geächtet. Wie archäologische Reste beweisen, haben sie die zur Waffenproduktion benötigten Rohstoffe schon gekannt und auch verarbeitet. In der weiteren Entwicklung wurden die Mineralien zwar für kultische Zwecke und als Kinderspielzeug verwendet, nicht jedoch für Rüstung, obwohl die Indigenas Techniken dazu ermittelt hatten.

Spannungen zwischen Gemeinschaften in Amerika vor der europäischen Invasion sind auch vorgekommen und wurden im Ausnahmefall militärisch ausgetragen. Indes muß man „Krieg“ und „Krieg“ unterscheiden. Völkermord und Annihilation sind historisch ausschließlich von Europäern verübt worden, bei denen offensichtlich die Schwelle zum Genozid sehr niedrig liegt. Die Achtung vor dem Leben und dem Lebenden war

und ist bei Indigenen heute noch sehr ausgeprägt. „Töten" ist kategorisch verboten. Zur Illustration, wie die Indigenen Kämpfe ausgetragen haben, bringen wir stellvertretend für andere nur ein Beispiel:
Dabei sei an „Curare" erinnert. Die Indigenas stellten es aus verschiedenen Strychnosarten her. Das Extrakt wurde an der Pfeil- oder Speerspitze angebracht. Wenn Kurare in die Blutbahn gelangt, betäubt es momentan die motorischen Nerven und setzt den Muskeltonus herab. Dadurch kam die Medizin darauf, es als Anästhetikum zu verwenden. Kurare wirkt jedoch nur über den Blutkreislauf, nicht, wenn es in wässeriger Lösung getrunken wird, wie Ricarda Huch es in einem Roman mißverständlich angenommen hat. Nach einer Weile kommt der Verletzte zu sich, und man verständigt sich.

Bei ihrer militärischen Konfrontation mit den Indigenen flohen die weißen Aggressoren weit hinter die Front. Vor allem haben die Indigenas strategisch intelligentere Kampfpläne angewandt. Aus den militärischen Schlachten gingen sie oft als Sieger hervor. Eine gewisse Zeit hielten sich Verluste auf beiden Seiten in Grenzen.

Friedliches Zusammenleben mit der einheimischen Bevölkerung wollten die europäischen Siedler nicht. Aufgeben wollten sie nicht. Einen Krieg – im Sinne Armee gegen Armee – konnten sie nicht gewinnen. Den Europäern fehlte das zu einem Krieg notwendige strategische Denken und, noch fataler, die humanistische Ethik. Diese Tatsachen schufen die Voraussetzungen dafür, nur kriminell gegen die authentischen Völker Amerikas vorzugehen.

Vom allerersten Beginn ihres Ankommens in Amerika an haben die Europäer alle in ihrer Macht stehenden Mittel gegen die Indigenen und ihr Existenzrecht eingesetzt. Ihre Ortschaften wurden erst angegriffen, wenn ein größerer Teil der wehrhaften Einwohner außerhalb des Dorfes war und die Siedler annehmen konnten, daß der Rest der Einwohnerschaft außerstande ist, sich ausreichend zu verteidigen.

Die Europäer haben ganze Wohnbereiche in Brand gesteckt, Nahrungsmittel geraubt, Felder verseucht, Wasserquellen zugeschüttet oder vergiftet. Sie zerstörten die Infrastruktur und die Bedingungen eines normalen Lebens der Indigenen. Wenn letztere von den Europäern nicht getötet werden konnten, wurde ihnen die Existenz solchermaßen unmöglich gemacht, daß sie fliehen mußten. Diesen Ausweg konnten nur wenige lebend überstehen. Überlebende wurden weiterhin verfolgt, ihnen wurden Reittiere, Zucht- und Arbeitsvieh, Vorräte und Nahrungsmittel gestohlen.

In Freundschaft und gutnachbarlichem Verhältnis leben wollten die Europäer nicht. Die Möglichkeit, friedlich miteinander auszukommen, haben die Siedler nicht einmal erwogen.

Es ist sicher, daß die Indigenen nicht in militärischen Schlachten ausgerottet wurden. Daß binnen eines Zeitraumes von zweihundert Jahren eine einhundert Million zählende Völkergemeinschaft physisch liquidiert werden konnte, geht auf heimtückische Methoden der Annihilation zurück.
Die Indigenen wurden in jedem Schlupfwinkel aufgespürt und getötet. *Headhunting* wurde zum Hauptberuf der Weißen.
Indigene, welche die Annihilationszüge überlebten, wurden in Reservaten zusammengepfercht. Sie wurden von der öffentlichen Versorgung objektiv ausgeschlossen. Einige assimilierten sich in der Hoffnung, ihre Situation erträglicher zu machen und ihre Chancen zu verbessern.

Für die in den USA herrschende weiße Oligarchie zählen die autochthone Bevölkerung Amerikas ebenso wie die Schwarzen und Latinos zu den Verdammten dieser Erde.

Auch heute geht die Dezimierung der Indigenen weiter (z.B. durch Atomsprengungen in der Wüste Nevada). Die jungen Indigenen werden zwangsrekrutiert und gegen ihre Überzeugung an die Front geschickt.

Empfohlene Literatur über die Indigenas Amerikas in Selbst- und Fremddarstellungen

- Churchill, W., A Little Matter of Genocide – Holocaust and Denial in the Americas 1492 to the Present, San Francisco 1997.
- Thoronton, R., American Indian Holocaust and Survival – A Population History since 1492, Norman, Oklahoma (University of Oklahoma) and London 1987, 1990.
- Vine Deloria (jr.), Red Earth – White Lies, Native Americans and the Myth of Scientific Fact, Golden, Colorado (Fulcrum) 1997.
- Nabokov, P., A Forest of Time – American Indian Ways of History, Cambridge 2002.
- Nabokow, P., Native American Testimony – From Prophecy to Present (1492 – 2000), published 2000.
- White, R., The Roots of Dependency – Subsistence, Environment and Social Change among the Choctaws, Pawnees and Navajos, Lincoln and London (University of Nebraska) 1983, 1988.

III. Der europäische Krieg gegen den Süden wird ausgedehnt – Menschenjagd und Sklavenhandel (2)

Annihilationskrieg gegen die Afrikaner

Nun konnten die Europäer mit großem Erfolg die Produktivkräfte in Amerika ausplündern oder zerstören und hundert Millionen Menschen umbringen. Der Kontinent mußte von neuem urbar gemacht, bewirtschaftet und industrialisiert werden. Dazu waren Menschen notwendig. Den Europäern fiel nichts Besseres ein, als den nächstliegenden Kontinent zu überfallen, Menschen zu entführen und zu versklaven. Die Afrikaner wehrten sich. Das Unternehmen Menschenjagd wurde für die Europäer immer gefährlicher. Ab dem Wiener Kongreß 1815 Jahrhundert haben die europäischen Staaten zunehmend versucht, die Aggressionen gegen Afrika zu koordinieren, um die angesetzten Quoten von Menschen nach Übersee zu erzielen. Das Militär, die „christliche Seefahrt", Menschenjäger und Sklavenhändler koordinierten ihre Angriffe auf afrikanische Stämme. Dabei konnten sie mit der vollen militärischen und logistischen Unterstützung ihrer Staaten rechnen.

Die Europäer haben Afrika militärisch nicht besiegen können. Zu dieser Thematik ist Geschichtsrevision notwendig.
Richtig ist, daß die Aggressoren besiegt wurden. Ihnen sind Friedensangebote unterbreitet worden. Die Europäer heuchelten Friedensbereitschaft und betrieben Verrat. Sie besetzten Knotenpunkte und strategisch wichtige Positionen an Verbindungswegen und Fernstraßen. Von diesen Stellungen aus konnten sie Transporte überfallen, Karawanen entführen, Viehherden und ganze Ernten unter ihre Gewalt bringen und rauben.

Trotz alledem wurden die afrikanischen Kämpfer weder besiegt noch aufgerieben. Sie überlebten die Schlachten, mußten aber hinterher die Tragödie mit ihren Stammesangehörigen feststellen. Ihre Priorität war nicht mehr die Abwehr gegen die europäischen Aggressoren, sondern die Suche nach Überlebenden des Stammes und deren Rettung. So konnten sie von den Europäern einzeln gejagt, umgebracht oder gefangengenommen und entführt werden. Die entführten Menschen wurden zunächst vom Festland verschleppt und rasch auf die nächstgelegene Insel gebracht. Dort warteten die Schiffe für den weiteren Transport nach Europa.

Die Zerstörung der sozialen Struktur afrikanischer Gemeinschaften durch die Europäer, die Zersetzung der Integrität des Kontinents und der Produktionsraub haben die Wehrfähigkeit der Afrikaner geschwächt und sie angreifbar gemacht. Es waren weniger militärische Niederlagen als vielmehr der von Europäern inszenierte Hunger- und Wassermangel, welcher die Afrikaner in die Notlage trieb. Ganze afrikanische Stämme verhungerten und verdursteten.

Die Afrikaner wollten weder versklavt werden noch ihre Heimat verlassen. Sie wehrten sich. Auch hier wandten die Europäer die Methoden der Annihilation an. Während die wehrfähigen Afrikaner im Krieg gegen die Europäer standen, haben letztere die Aggressionen gegen die daheim wartenden Familien und Kinder gerichtet. Diese wurden allesamt, meist durch Verbrennung der gesamten Ortschaft, vernichtet. Infrastruktur und Existenzbedingungen wurden zerstört. Den Menschen wurden die Fluchtwege abgeschnitten. Sie wurden überfallen, entführt oder umgebracht. Entkommene mußten verhungern.

Die Geschichtsliteratur stellt Europa als Kolonialmacht über Afrika dar. Der Ausdruck „Kolonialismus“ ist von der Geschichtsschreibung nicht mehr wegzudenken. Auch wir müssen ihn verwenden, da er inzwischen als etablierter Ausdruck unvermeidbar geworden ist.

Die Geschichtsrevision muß dennoch darauf aufmerksam machen, daß der von den Aggressoren geprägte Ausdruck „Kolonialismus“ unbegründet ist. Es trifft zu, daß die Europäer schwerbewaffnete Bastionen an ausgewählten Stellen in Afrika errichtet haben, von denen aus sie ihren Terror gegen den schwarzen Kontinent verübten. Dort, wo sie ein Gebiet nicht unter ihre Kontrolle brachten, richteten sie verbrannte Erde an. Trotzdem konnten die europäischen Aggressoren nicht in das Innere des Kontinents eindringen. Ebensowenig setzte sich die Akkulturationspolitik durch. Das ist der Grund dafür, weshalb die afrikanischen Sprachen bis heute überlebt haben – und z.B. nicht durch Englisch oder Französisch, wie an anderen Stellen der heimgesuchten Welt, ersetzt werden konnten. Ausdrücke wie „frankophon“ oder „anglophon“ sind als Europhantasien aufzugeben.

In der Abwehr gegen die europäischen Aggressionen verlor Afrika Millionen Menschen, vor allem durch den Sklavenhandel.[10]
Als sich Europa im 19. Jh. dazu anschickt, das Innere Afrikas zu erobern, ist dieses bereits durch die vielen direkten und indirekten zerstörerischen

[10] Cheikh M'Backé Diop, Cheikh Anta Diop: Mensch und Werk, S. 114f, in Bouba/Quintern (Hg), Das Bild von Afrika, Berlin 2010.

Auswirkungen der Jahrhunderte des Sklavenhandels geschwächt. Am Vorabend des Ersten Weltkriegs sind die Mehrheit der afrikanischen Länder europäische Kolonien geworden. Die koloniale Herrschaft, die seit dem letzten Drittel des 19. Jahrhunderts den Sklavenhandel ablöst, ist mit ihrer militärischen Eroberung und der folgenden grausamen Ausbeutung bzw. dem Raub der afrikanischen Ressourcen ebenfalls höchst mörderisch und wird von massiven Völkermorden begleitet. So wird die Zahl der subsaharischen Bevölkerung nach Schätzungen zwischen 1860 und 1930 noch einmal um rd. 70 Mio. Menschen reduziert.[11]

IV. Die Zerstörung Asiens

Die europäischen Aggressionen gegen den arabischen Raum, gegen Indien, China und das übrige Asien waren nicht weniger brutal. Im Angesicht des höheren Organisationsgrads und der besseren Abwehr war die Katastrophe in Asien nicht so extrem wie in Amerika und Afrika. Doch solle niemand die Leiden der asiatischen Völker unterschätzen.

V. Annihilation der australischen Völker

Hier ist die Katastrophe mit der Tragödie Amerikas und Afrikas vergleichbar. Der Widerstand der überlebenden Aborigines schützte sie vor der Versklavung. Auch der weite Transportweg und die geringe Chance, daß die entführten Menschen die lange Reise überleben würden, erschwerten die Möglichkeit der Versklavung.
Was die Aborigines jedoch nicht zu verhindern vermochten, waren der Landraub und die Vernichtung ihrer Existenzgrundlagen.
Die einheimische Bevölkerung Australiens verhielt sich zunächst aufgeschlossen gegenüber den Einwanderern, einschließlich der christlichen Mission. Es war jedoch gerade die Gastfreundschaft der indigenen Australier, welche sie mit dem eigenen Leben bezahlen mußten. Ihre Gäste sind zu ihren Henkern geworden. So wurde z.B. im Völkerkundemuseum in Wien darüber berichtet, das Katholische Missionare aus Österreich an die Ureinwohner Australiens – die normalerweise unter freiem Himmel schliefen – infizierte Decken verteilten, die zu Epidemien führten.

Das autochthone Volk Australiens wurde weitgehend ausgerottet.

---

[11] s. Diop, S. 115

Neuseeland war noch härter als Australien betroffen.

Zur Geschichtsrevision gehört auch die Ausräumung der *Legenden von der Entdeckung* der Kontinente des Südens. Sowohl Amerika als auch Australien standen in intensivem Kontakt mit arabischen Seefahrern, die auch detaillierte Landkarten von Amerika und den karibischen Inseln erstellten. Die Region wurde von der arabischen Seefahrt in Abständen bereist, ohne daß die Muslime deshalb je auf die Idee kamen, der dortigen Bevölkerung in irgendeiner Weise weh zu schaden. Das Wort „Karib(ik)“ ist arabisch und bedeutet „nächstliegend“.

Ebenso bekannt war Australasia – das sind die Inseln des Südpazifiks, Neuseeland und Neu-Guinea. Die Folklore und das Erzählgut der Indigenen Australiens weisen deutliche arabische Einflüsse auf.

VI. Die Philippinen

Im Jahr 1543 hat die spanische Invasion der – später von den Spaniern so genannten – Philippinen begonnen. Für den Archipel beginnen die finstersten Jahrhunderte seiner Geschichte. Auch hier wurden die Spanier gastlich empfangen. Die Einheimischen wußten nicht, daß sie ihre eigenen Henker aufnahmen. Als die Invasoren ihre Raubüberfälle und Transporte begannen, wehrten sich die Philippiner. Die Spanier haben direkte Schlachten gemieden und sich auf die Dorfgemeinschaften konzentriert, während die Erwachsenen unterwegs zur Arbeit waren. Die Invasoren zerstörten Existenzbasis und Lebensbedingungen der Gemeinschaften, Häuser wurden in Brand gesteckt, Nahrungsmittel geraubt, Wasserquellen verunreinigt, Lagerstätten gesprengt und Frauen entführt. Die von den Schlachtfeldern zurückgekehrten Kämpfer standen vor verbrannter Erde und toten Menschen. Die Überlebenden suchten ihre verloren gegangenen Verwandten. Bei dieser Streuung konnten die Spanier das Dorf besetzen, von dem aus sie die zurückkehrenden Einwohner kollektiv umbrachten. Wenn sich die Heimkehrer zur Wehr setzten, drohten die Spanier, die Geiseln im Dorf zu foltern und zu töten.

Die spanische Kolonialpolitik hat alle Mittel der Akkulturation angewandt. Den Philippinern wurden Ausbildung, soziale und gesundheitliche Versorgung verwehrt. Ihnen wurde ihre Sprache als Medium der Kommunikation verboten.

Als Ergebnis des amerikanisch-spanischen Kriegs (1898) fielen Cuba, Puerto Rico und die Philippinen den USA zu.

Auf den Philippinen sind die USA auf die geschlossene Abwehr der Einheimischen, welche die lange spanische Unterdrückung überlebten, gestoßen. Auch hier haben die US-Truppen keinen militärischen Sieg erringen können. Während die philippinischen Werktätigen unterwegs waren, konzentrierten sich US-Truppen um die Ortschaften herum und warteten auf die Heimkehr der wehrfähigen Männer. Diese wurden vor Erreichen des Dorfes erschossen oder mit der Tötung ihrer Angehörigen erpreßt.
Andere Ortschaften wurden belagert und von der Versorgung abgeschnitten. Die Einwohner wurden als Geiseln genommen. Die Rückkehrer wurden vor Erreichen der Dorfkommune umgebracht. Die Angehörigen wurden von US-Truppen mißhandelt.

Trotzdem konnten die US-Truppen keinen Fuß auf dem Archipel fassen. Sechs Jahre lang mußten sie auf ihren Schiffen hausen. Erstmalig 1904 konnten sie damit beginnen, Wohnsiedlungen auf den Philippinen zu errichten. Die einheimische Bevölkerung wurde weiterhin dezimiert, ortsweise völlig ausgerottet.

Bis heute haben die Vereinigten Staaten keinen leichten Stand auf den von ihnen faktisch besetzten Philippinen. Im Laufe der Zeit errichteten die USA im Land mehrere ihrer wichtigsten militärischen Stützpunkte.

Viele Inseln der Südsee wurden von den europäischen Kolonialisten durch Genozid menschenleer gemacht, um sie für wirtschaftliche Zwekke oder zum eigenen Gebrauch und für Erholungszwecke zu nutzen. Über dem Blutmeer der Inselvölker wurde ein Touristenparadies errichtet.

VII. Europa gegen die Menschheit

Europäische Staaten haben zusammen und jeweils einzeln ihren Eigenbeitrag zur Annihilation anderer Völker geleistet. Die Ideologie der Annihilation ist der Rassismus, die Auffassung, daß andere Völker einer anderen Gattung angehören. Parasitismus, Arroganz, Habsucht, Egoismus, Sadismus, Destruktivität und Aggressivität des weißen Menschen begründen die Sucht, andere Menschen zu vernichten, um über ihrem

Ruin ein Leben im Luxus zu führen. Andere Völker werden nicht nur diskriminiert; vielmehr wird ihr Existenzrecht bestritten und kollektiver Mord legitimiert, sogar kirchlich gerechtfertigt. In den europäischen Staaten einschließlich Nordamerikas ist der Rassismus nach wie vor ausgeprägt, auch wenn er offiziell geleugnet wird.

Der Ausdruck „Europa" soll nicht formal geographisch reduziert werden. Grönland und der von England besetzt gehaltene Teil Irlands zählen zum Süden, auch wenn sie im Norden liegen. Andererseits verlieren Staaten, die traditionell nicht imperialistisch waren, ihre Unschuld, wenn sie der NATO beitreten und ihre Truppen für den Krieg gegen den Irak oder Afghanistan zur Verfügung stellen.

Alle europäischen Staaten haben aus ihren Kanonenrohren auf Völker des Südens geschossen. Ausnahmen wie z.B. Grönland oder der von England besetzte Teil Irlands bestätigen die Regel. Die NATO tötet heute mit noch entwickelteren Waffen. Während diese Zeilen geschrieben werden, geht der Massentod weiter und wird in der europäischen Öffentlichkeit durch ihr Stillschweigen akzeptiert. Die Mittel des Völkermordes sind vielfältig: Bombenanschläge, Raketenbeschuß, atomare und radioaktive Waffen mit sofortiger, mittel- und langfristiger Wirkung. Der biologische und gentechnische Krieg tötet weiter. Die Überlebenden einer Aggression sterben an den Folgen. Verunreinigtes Wasser, verseuchte Luft und vergifteter Boden wirken sich endlos auf die Nachkommenschaften aus. Die Radioaktivität mit extrem langen Halbwertzeiten zerstört Leben unzähliger Generationen. Der biologische Krieg bringt den kalten, lautlosen Massentod. Inszenierte Hungersnöte führen das langsame Sterben herbei.

6. Geschichte des Krieges (2) Aufstieg und Niedergang des Kolonialismus

I. Portugiesischer Kolonialismus

Man mag sich wundern, wie es dem kleinen Staat Portugal gelingen konnte, ein großes Imperium, Riesenreichtümer und -gewinne unter seine Macht zu bringen. Es besteht jedoch kein Grund zur Bewunderung. Durch die „portugiesische Reconquista" gelangten Wissenschaften und Techniken, darunter die Seekunde, Schifffahrt und Nautik, vom arabischen Staat Andalus, wo sie nur friedlich genutzt wurden, in die Hände des neuen aggressiven Staats.

Die lang anhaltende Friedenszeit war zwar durch die Aggressionen der Kreuzfahrer gebrochen, bestand jedoch kontinental weiter. Niemand rechnete mit staatlich organisierten kriminellen Überfällen. Ohne die Friedfertigkeit der Völker des Trikontinents und ihr Vertrauen in die menschliche Moral wären weder Asien, Afrika noch Amerika den Aggressoren jemals in die Hände gefallen. In allen Kontinenten wurden die Europäer als Gäste empfangen und geehrt, ohne daß die Gastgeber ahnen konnten, daß sie sich den eigenen Schlächtern auslieferten.

Seit den frühen Mamlūken im dreizehnten Jahrhundert und bis ins späte neunzehnte Jahrhundert war Afrika durch einen Verteidigungsring, der von der ägyptischen Flotte zusammen mit Einheiten der nordafrikanischen Staaten gestellt war, gegen europäische Aggressionen geschützt. Tragende Kraft der Abwehr waren Marineeinheiten. Der afrikanische Kontinent fühlte sich völlig sicher. Dieser Verteidigungsstrategie vertrauten die afrikanischen Staaten. Die meisten hatten weder eine eigene militärische Abwehr noch eine Rüstungsproduktion aufgebaut, da sie keinen Handlungsbedarf dafür erkannten. Als Ägypten Anfang des sechzehnten Jahrhunderts sichtlich geschwächt und 1517 von den Osmanen besetzt wurde, war der Verteidigungsring um Afrika zwar gelöchert, aber nicht total ausgefallen. Die Lage verschlimmerte sich noch weiter, als die Osmanen 1518 ganz Nordafrika besetzten. Doch rasch konnten die arabischen Staaten Afrikas den Rückschlag überwinden und erneut eine effektive Verteidigung um Afrika wieder aufbauen. Seit Muḥammad ʿAlī schließlich verlagerte sich das internationale Kräfteverhältnis zugunsten Ägyptens und Afrikas.

Um die Jahrhundertwende zum sechzehnten Jahrhundert wird Amerika unter den beiden neu entstehenden Kolonialstaaten Portugal und Spanien vorab aufgeteilt. 1500 wird Brasilien für portugiesisch deklariert. Brasilien ist das bedeutsamste, flächenmäßig größte Land Süd- und Zentralamerikas und eines der reichsten Länder der Erde.
Nordamerika bleibt weitere hundert Jahre vor den Aggressionen der Europäer verschont, da der Norden für die Europäer noch unerreichbar war. Erst 1604 durch die Franzosen und 1607 durch die Engländer und andere Europäer beginnen die Massaker an den Indigenen des Nordens.

Vom allerersten Anfang an leiteten die Portugiesen einen der grausamsten Genozide der Weltgeschichte ein. Niemand kann eigentlich heute mit Sicherheit sagen, wie viele Völker vernichtet und wie viele Menschen ermordet wurden. Bezeichnend ist auch, daß die Europäer und Europastämmigen darüber heute noch nicht reden wollen.
Mit der physischen Liquidierung ganzer Volksgemeinschaften auf dem Boden Brasiliens ging der Kulturraub einher. Irrational ist die Tatsache, daß es die europäischen Siedlerkolonialisten darauf anlegten, das Weiterbestehen und die künftige Entfaltung der bisherigen Kulturen zu verhindern. Eine Politik der Akkulturation wurde brutal durchgeführt. Brasilien ist das einzige Land Amerikas, das die portugiesische Sprache angenommen hat. Anderen Ländern Amerikas ging es nicht besser. Die autochthonen Sprachen, sofern ihre Benutzer nicht ausgerottet wurden, erfuhren keine staatliche Pflege, bis auf die in einzelnen ALBA-Staaten, die sich heute für ihr kulturelles und sprachliches Erbe einsetzen. Keine einzige indigene Sprache Amerikas wird heute als Amts- oder Schulsprache gefördert. In Süd- und Mittelamerika gelten offiziell entweder das Portugiesische (in Brasilien) oder das Spanische (in allen übrigen Staaten Süd- und Mittelamerikas). In Nordamerika sind es Spanisch, Englisch und Französisch (Québec).

Noch im 15. Jahrhundert – vor den Überfällen auf Amerika – schlichen sich die Portugiesen in Afrika zunächst durch Heere von Missionaren ein. Im südwestlichen Afrika stationierten sie Massen von Mönchen und Predigern, die hier und dort etliche Anhänger bekehrten und damit Basis gewinnen konnten. Parallel zur Arbeit der Missionare errichteten die Portugiesen militärische Stützpunkte. Sie postierten an den Fernstraßen und besetzten Schlüsselpositionen, von denen aus sie wichtige Ortschaften, Produktion und Handel kontrollierten. Rasch konnten sie erste Bezirke unter ihre Gewalt bringen und diese zu einer immer größer werdenden Region ausbauen.

Eine verfestigte koloniale Herrschaft über Afrika konnte erst zu einem viel späteren Zeitpunkt eintreten. Vor diesem Stadium konzentrierten die Europäer ihr Interesse auf den Menschenraub. Territorialer Besitz diente dem Zweck, ihn als Ausgangsbasis für die Jagd auf Menschen zu haben.

Kleinere Menschengruppen wurden überrascht, in Ketten gelegt und rasch abtransportiert. Die afrikanischen Gefangenen wurden vom Festland auf nahegelegene Inseln gebracht. Diesem Zweck dienten die von Portugal bereits 1456 besetzten Kapverdischen Inseln im Atlantik vor der westafrikanischen Küste. Die überlebenden Sklaven wurden von Europa als Zwischenstation nach Amerika gebracht. Ein kleiner Teil von ihnen verblieb in Europa. Andere europäische Kolonialisten waren darauf angewiesen, Sklaven gegen einen hohen Preis von Portugal abzukaufen.

Eine internationale Kolonialstrategie konnten die Portugiesen erst entwickeln, nachdem sie in Amerika Fuß gefaßt hatten. In der westlichen Hemisphäre vernichteten sie ganze indigene Völker. Diese wurden durch den Raub und die Entführung von Menschenmassen aus Afrika ersetzt. Die versklavten Menschen wurden über den Aufenthalt auf Zwischenstationen, z.B. auf den Kapverdischen Inseln u.a.m., nach Brasilien gebracht.

Im 16. Jahrhundert usurpierte der König von Portugal den Titel „Herr von Angola“. Seitdem wird Angola von Portugal schonungslos ausgeplündert. Ab 1609 beginnen die Portugiesen mit dem systematischen Krieg in der Absicht, *Moçambique* zu beherrschen.
Im siebzehnten Jahrhundert erlaubte sich der portugiesische König außerdem die Anmaßung, die Weltmeere zu seinem eigenen Besitz zu erklären.

Durch die Besetzung geographisch verteilter, demographisch koordinierter strategischer Schlüsselpositionen konnten die Portugiesen auch den gesamten Seehandel im Indischen Ozean beherrschen. Durch die Kontrolle neuralgischer Posten gewannen sie zusätzlich an militärischer Überlegenheit.

Durch das Sambesital drangen die Portugiesen in das Landesinnere von Moçambique vor. Damit wurde der Widerstand des afrikanischen Volkes auf den Plan gerufen. Die Portugiesen hatten es nicht leicht, sich Moçambiques zu bemächtigen. Bald erhielt die Abwehr des Volkes von Moçambique Unterstützung von anderen afrikanischen und arabischen Staaten.

Der Mythos vom „europäischen Kolonialismus" entspricht nicht den historischen Tatsachen. Portugal hatte das Volk und das Land Moçambique real nicht unter seine Herrschaft bringen können, obwohl es versuchte, die Bevölkerung von Moçambique von der Versorgung abzuschneiden. Ernten wurden überfallen, Lagerhäuser ausgeraubt, Felder in Brand gesteckt, Quellen verunreinigt. Durch Raub und Sabotage schürten die portugiesischen Kolonialisten Hungersnöte in Moçambique. Das große afrikanische Land wurde zersetzt.

Die Katastrophe, welche Portugal über Afrika brachte, blieb nicht auf die inneren Zerstörungen und die künstlich erzeugten Hungersnöte beschränkt. Schrecklicher noch waren die Jagd auf die Menschen, ihre Entführung und Versklavung. Durch die Verfolgung der Menschen und ihre Ergreifung starben sie massenhaft. Nur ein Teil der entführten Menschen überlebte. Diese wurden von den Portugiesen verschleppt, um sie auf dem Seeweg nach Amerika zu bringen.

Auf dem Meer waren die Portugiesen mit dem Menschenraub lange nicht aus dem Visier des Widerstands entkommen. Arabische Seeleute und afrikanische Wehrmänner verfolgten die Portugiesen und befreiten afrikanische Gefangene.
Seitdem konzentrierten die Europäer ihre Angriffe gegen arabische Häfen, von denen der Widerstand und die Befreiungsaktionen ausgingen. Die Europäer entwickelten die Strategie, die Basen des arabischen Widerstands systematisch zu zerstören. Erst dann war es ihnen möglich, größere Transporte mit entführten afrikanischen Menschen bis nach Europa zu bringen, da sie europäische Häfen schneller erreichen konnten. Von dort wurden die geraubten Menschen nach Amerika gebracht.

Im späteren Stadium fühlten sich die Europäer stark genug, offensiv gegen die Araber vorzugehen. Infrastruktur und Ressourcen wurden zerstört, Handelszentren und Wohngebiete zerbombt. Als Folge konnten die Kolonialisten, sofern der Widerstand geschwächt war, an die Ressourcen gelangen.

Infolge all dieser Aggressionen gegen die Menschen und ihre Länder gelangte Portugal zu unvorstellbarem Reichtum und wurde zur stärksten Weltmacht. Eineinhalb Jahrhunderte lang war Portugal illegal und illegitim im Besitz eines Weltvermögens. Es fragt sich nur, wo die großen Reichtümer geblieben sind.
In dem Maße, wie sich Portugal bereichern konnte, verschlechterte sich die Lage der Menschen in Afrika. Die Kolonialisten zerstörten alles, was sie nicht mitnehmen konnten. Produktionsanlagen wurden außer Betrieb gesetzt. Die Lebensbedingungen und wirtschaftlichen Strukturen von Moçambique und anderswo wurden so zerstört, daß ein normales Leben nicht mehr möglich war. Viel Zeit war notwendig, um eine lebensfähige Existenz unter Widerstandsbedingungen aufzubauen. Von diesem Moment an begann der Boden Afrikas für die Kolonialisten zu heiß zu werden. Allen Zerstörungen zum Trotz wehrte sich Moçambique. Die Macht Portugals blieb so zunächst in Grenzen.

Die Lage Moçambiques verschlechterte sich jedoch, als Europa 1885 seinen Generalangriff auf Afrika startete. Er führte dazu, daß an allen Fronten Afrikas gleichzeitig gekämpft wurde. Der Widerstand konnte nicht konzentriert geführt werden, sondern musste sich auf alle Länder des Kontinents verteilen. Portugal festigte seine Herrschaft und verstärkte die Ausplünderung von Moçambique.
Die portugiesische Diktatur unter Salazar stellte im 19. Jahrhundert das Volk von Moçambique vor schwierige Kampfbedingungen. Nach dem Tod Salazars (1970) holte die Opposition in Portugal auf. Als 1973 der Widerstand in Portugal aufgenommen und stärker wurde, konnte die Befreiungsbewegung in Moçambique unter der Führung der FRELIMO („*Frente de Libertacao de Moçambique*“) ihre Kampfposition deutlich verbessern. Schon 1973 wurde Moçambique autonom. Im Jahr 1975 hat es seine volle Unabhängigkeit und Souveränität proklamiert.

Mit der Unabhängigkeit der afrikanischen Staaten zerfiel Portugal schlagartig durch eine innenpolitische und wirtschaftliche Krise. Bereits 1973, als in Moçambique und Angola wieder eigene nationale Strukturen aufgebaut wurden, geriet Portugal an den Rand des Zusammenbruchs, weil es seinen Reichtum nicht aus eigener Kraft, sondern aus der Ausbeutung und Ausplünderung anderer Völker angehäuft hatte.

Indes soll man daran denken, daß der räuberische Reichtum und die gewonnene strategische Überlegenheit nicht allein Portugal gegolten haben. Die kolonialistische Strategie wurde kontinental organisiert. Wichtig ist, daß die Schlüsselpositionen in europäische Hand gelangten und dort blieben. Die Machtverteilung erfolgte politisch. Das erklärt die Tatsache, daß die Kolonialstaaten bei ihrem Niedergang ihre Position an eine andere europäische Macht abtraten und nach Kräften versuchten, den Aufstieg des unterdrückten Volks zu verhindern. Sehr bald hat Portugal an Bedeutung verloren, wie es einst so rasch an Wichtigkeit gewonnen hat. Schließlich öffnete es einem europäischen Verbündeten den Weg, statt mit dem einst unterjochten Volk in Partnerschaft und Freundschaft zu kooperieren.

II. Der Spanische Kolonialismus

Der Hintergrund dafür, wie es dazu kommt, daß beim Niedergang Portugals der Aufstieg Spaniens beginnt, besteht darin, daß Spanien – ohne eigenes Zutun – das Erbe der niedergehenden Kolonialmacht Portugal antrat.

Nun gehen arabische Nautik und Wissenschaft über Portugal und direkt vom Andalus an Spanien. Letzteres zieht seinerseits durch die Weltmeere und vermag es ebenfalls, sich schnell an fremdem Besitz zu bereichern. Ein Teil des Diebesguts, das Portugal in Besitz hatte, geht während des gemeinsamen Königtums unter dem spanischen König Philipp II. still an Spanien über, wodurch der kleinere Nachbar langsam aber sicher in die Bedeutungslosigkeit versinkt – so nach imperialistischer Sicht. Die nächste kolonialistische Macht heißt Spanien, dass das Erbe Portugals antritt. Und doch ist Portugal heute noch einer der wichtigsten Stützpunkte der NATO und des US-Militarismus. Von einer Kolonialmacht zur Kolonie herabgesunken – so ist die Logik der Geschichte!

Portugal war Spanien nach Amerika vorausgegangen. Es ist kein Zufall, daß die Europäer erst durch die Reconquista im Jahr 1492, d.h. mit Hilfe arabischer Seeleute bzw. ihres nautischen Wissens, Amerika erreichten. Die angebliche Entdeckung Amerikas im Jahre 1492 ist freilich eine stereotypische europäische Legendenbildung. Richtig ist, daß die Europäer Amerika erst im Jahr 1492 kennengelernt haben, was für den Doppelkon-

tinent den Beginn seiner Katastrophe bedeutet. Amerika war schon lange vor 1492, besonders von Ägypten aus, an die übrigen Kontinente angeschlossen. Nur den Europäern fehlte die Moral, welche die Annihilation der amerikanischen Völker hätte verhindern können.
Durch den Aufstieg Spaniens ist Portugal nicht in das Armenhaus gewandert, denn ihm blieben weiterhin Kolonien.

Als 1580 das portugiesische Königshaus ausstarb, nahm König Philipp II. (1527-1598) von Spanien das kleinere Nachbarland in Besitz. Nach ihm sind auch die Philippinen benannt, die 1565-72 von arabischen Seeleuten in spanischem Dienst erreicht wurden. Das Königshaus in Iberien deklarierte den Archipel zum spanischen Besitz. Unter Philipp II. und seinen Nachfolgern gingen portugiesische Kolonien teilweise in spanische Hand über. Allmählich entwickelte sich Spanien zur Vormacht in Europa.

Im sechzehnten und siebzehnten Jahrhundert hat Europa seine Aggressionen voll gegen die authentischen, amerikanischen Völker konzentriert, denn Asien und die arabische Welt waren durch die Übermacht des Osmanischen Reiches abgeschirmt.

Spanien gelang es mit Hilfe der Conquistadoren, den größten Teil Süd- und Mittelamerikas unter seinen Einfluß zu bringen. Mit Ausnahme des portugiesisch besetzten Brasiliens wurden alle anderen Staaten Zentral- und Südamerikas von Spanien besetzt und nahmen zwangsweise die spanische Sprache an.

III. Aufstieg des französischen Kolonialismus – Französische Aggressionen –

In den einschlägigen Geschichtswerken pflegen europäische Fachhistoriker es, den Anbeginn der Neuzeit für die Arabische Welt mit dem Jahr 1798 zu datieren. In diesem habe Napoleon Kairo erobert und damit habe er den Ägyptern die Ideen der französischen Revolution und den Fortschritt gebracht und ihnen den Bruch mit dem Mittelalter und den Zutritt zur Moderne ermöglicht.

Symptomatisch für diesen Mythos ist der gewählte Diskurs. Man spricht nicht von „Aggression“, „Invasion“ „Zerstörung und „Blutmeer“, sondern von „Expedition“ und „Mission der Wissenschaft“. Soweit die *Legende.*

Die Geschichte ist: Napoleon war ein Revolutionsgeneral, der das Zeitalter des französischen Kolonialismus eingeleitet hat. Real hat Napoleon keine Revolution nach Ägypten gebracht, sondern eine bestehende zerschlagen wollen.

Im Jahr 1798 marschieren französische Invasionstruppen unter Napoleon Bonaparte in Ägypten ein. Im gleichen Jahr besetzen sie Kairo. Die europäische Legende berichtet, daß „Napoleon nach Ägypten den revolutionären Wind aus Frankreich brachte". Richtig ist, daß die französische Invasionsarmee eine ägyptische Revolution, die gegen das Osmanische Reich und die feudale Herrschaft der Mamlūken gerichtet war, niederzuschlagen versuchte. Es war gerade der ägyptische Aufstand, der die Franzosen zum Angriff auf Ägypten animiert hatte. Napoleon wollte auf keinen Fall eine direkte Konfrontation mit den Osmanen eingehen. Vielmehr spekulierte er darauf, daß seine Armee die Lage ausnutzen sollte, in der beide Mächte – die Türkei und Ägypten – miteinander im Krieg verwickelt sind, um als „lachender Dritter" Ägypten zu besetzen. Die Geschichte zeigt, wie sehr er sich verkalkuliert hat. Der ägyptische Aufstand gegen die Osmanen wandte sich nunmehr gegen die französische Invasionsarmee.

Der Widerstand gegen die französische Armee war von allen Schichten des ägyptischen Volkes getragen. Schon beim Einmarsch der Franzosen stellten ihnen die Bauern des Nildeltas Fallen, die ihnen das weitere Eindringen in das Landesinnere erschweren sollten. Als die Invasoren Kairo erreichten, wurden sie nicht willkommen geheißen. Nicht die Ägypter, sondern die Franzosen haben kapituliert. Napoleon war gezwungen, Freundschaftsreden vorzuheucheln. Es waren jene demagogischen Ansprachen, welche die Historiker als Ziele Frankreichs in Ägypten glaubhaft machen woll(t)en.
Napoleon verhedderte sich zwischen Freundschaftsreden und provokativen Aktionen.

Im Angesicht des offensichtlich vom Heeresführer Napoleon unerwarteten Widerstands floh er in einer Nacht- und Nebelaktion aus dem Land am Nil zurück nach Frankreich. Als Grund gab Napoleon an, er werde in Frankreich zum Kaiser gekrönt. Napoleon ließ die Armee, die ihm gefolgt war, im Stich.
Die niedergeschmetterte Invasionsarmee durfte nicht nach Frankreich zurück, da unter anderem die Wiederholung einer geschichtlichen Erfahrung befürchtet wurde: daß nämlich verlorene Kriege eine Revolution

auslösen können, diesmal gegen die kurz davor geführte Revolution von 1789.
Das französische Heer wurde nach Palästina umgesteuert. Auch hier war die Wehrfähigkeit des palästinensischen Volkes unterschätzt worden. Den Franzosen nach Palästina vorausgegangen waren die Nachrichten über ihre Gräueltaten in Ägypten. Als sie eintrafen, war bereits zum Widerstand aufgerufen worden. Diesen wollten die Franzosen durch ein Massaker an der Zivilbevölkerung brechen. Durch das Blutbad versprachen sich die Franzosen, daß Verwirrung und Panik unter den Palästinensern ausbrechen würden. Doch diese ließen sich nicht demoralisieren. Sie wehrten sich verbissen. So gnadenlos die Aggressoren auch vorgingen, es ist ihnen an keinem Ort gelungen, Positionen zu erobern und zu halten. Ihre entscheidende Niederlage erwartete sie in Akkā (Akko). Sie erreichten wohl die Stadtmauer, mußten jedoch schon vor den Stadttoren den Rückzug antreten. Bald darauf wurde der Abzug der französischen Armee angeordnet. Bei ihrem Rückzug 1798 richtete sie in Yāfā (Jaffa)/Palästina ein Massaker an.

Massaker, Blutbäder, verbrannte Erde und Genozid sind Phänomene der europäischen Aggressionspolitik. Sie plant den Krieg vorab als Annihilation des anzugreifenden Volkes. Der Völkermord wird durchgeführt, solange die Aggressoren daran nicht gehindert werden. Annihilation wird von Europäern überall dort verübt, wo sie durchführbar ist.

Es ist historisch nachweisbar, daß die „Annihilation“ als Kriegsmethode allein von Europäern verübt wurde. Die Geschichte kennt keine vergleichbare Kriegsführung. Bei allen anderen Völkern besteht eine große Achtung vor dem Leben – auch im Krieg.
Europäische Annihilationskriege wiederholen sich über ein Jahrtausend. Selbst wenn diese Verbrechen gegen die Menschlichkeit militärisch begründet werden, sind sie deshalb nicht legitim. Paradoxerweise erweisen sie sich militärisch nicht nur als nicht erforderlich, sondern steigern den Widerstand gegen die barbarischen Aggressoren.

Geschichtsrevision: Sicher haben Sie, meine Damen und Herren, eine Vorstellung davon, wie in europäischen, nicht nur in französischen Geschichtsbüchern über die französische Revolution und die Invasion Ägyptens berichtet wird: man denke z.B. an euphemische Ausdrücke wie „Expedition für die Wissenschaft“ und ähnliches. Ideologische Slogans sowie Glorifizierungen, daß Frankreich seine Revolution auf die Welt ausdehnen wollte, gehören zu den Stereotypen der europäischen Darstel-

lung. Sie sind beispielhaft für die Legendenbildung im europäischen Lehrwerk. Auch Marx, Engels und Lenin gehören zu den Propagandisten der sog. „bürgerlichen französischen Revolution".
Napoleon selber definierte seinen Aggressionszug anders als die späteren europäischen Historiker. Er bezeichnete ihn als Revanche für die Niederlage der Kreuzfahrer. Diese lag von seinem Zeitpunkt aus gesehen ein halbes Jahrtausend zurück. Napoleon stand vor der Grabstätte Ṣalāḥ ad-Dīns in al-Quds (Jerusalem) und sprach: „*Nous sommes la Saladin*".

Die Träger der Fahne der französischen Revolution sind als Kolonialräuber nach Ägypten gekommen. Geraubt wurde alles. Heute noch ist das Zeugnis über den großen Kulturraub belegt (ein Gang durch den Louvre überzeugt!) Hinzu kommt der Raub an materiellen Gütern aller Art. Die Parole „*Freiheit, Gleichheit, Brüderlichkeit*" wird in Europa verkündet – Massenmord an den Völkern praktiziert. Trotz aller Verbrechen konnten die französischen Invasoren ihre Ziele im arabischen Raum nicht erreichen. Der arabische Widerstand in Ägypten, Palästina und Syrien war ebenso heroisch wie opferreich. In drei Jahren war die Vision Napoleons ausgeträumt. Erst die vernichtende Niederlage im arabischen Osten, von der die massenhaft mobil gemachte französische Armee zermürbt nach Europa zurückkehren mußte, machte die späteren Niederlagen, welche die Franzosen in Ost-, Mittel- und Westeuropa und zum Schluß in Waterloo, südlich von Brüssel, erleiden mußten, möglich.

Aggressionen – größte Krankheitsquelle und gefährlichster Seuchenverursacher

Die französischen Aggressionen nach der „Revolution" 1789 lösten Epidemien und Seuchen unvorstellbaren Ausmaßes aus – eine Tatsache, von der Historiker nicht gerne berichten. Allgemein gesprochen neigen europäische Autoren zur Heroisierung der napoleonischen Feldzüge. Darin folgen sie dem Vorbild Hegels. Die erste große Seuche haben die Franzosen in Palästina durch ihr Massaker an der arabischen Bevölkerung von Yāfā (Jaffa) ausgelöst. Das Blutbad brachte den Franzosen keinen militärischen Vorteil. Es war ein reiner Racheakt. Dafür wiederum hat die Geschichte sich gerächt. Die Seuche griff auf die französische Armee selbst über und beschleunigte damit die Niederlage und die Flucht der Aggressoren. Auch Napoleon selbst erkrankte an der Seuche und wurde auf einer Bahre in seine Heimat zurücktransportiert.

Bei den weiteren Aggressionen der Franzosen, die nunmehr in Europa stattfanden, wiederholen sich die gleichen Folgen der Destruktivität. In Italien, Spanien, Wien, Jena, Leipzig und am tragischsten in Rußland und später in England sind verschiedene furchtbare Epidemien ausgebrochen. Die Zahl der Toten ging in die Hunderttausende. Die Franzosen selbst sind freilich auch nicht verschont geblieben, obwohl Napoleon auf Grund der bitteren Erfahrung in Yāfā (Jaffa) die Pflichtimpfung eingeführt hatte.

Die Schutzimpfungen wurden in Paris ab Oktober 1800 graduell eingeführt. Besonders gefürchtet waren Pocken, Augenkrankheiten, aber auch mehrere andere. Eine Reihe von Maßnahmen folgte:
1800: Erste Schutzimpfungen,
1803: Impfung von Kindern und anderen Patienten in Hospitälern,
1805: Pflichtimpfung von „unter dem Kommando von Napoleon stehenden Soldaten".
Seitdem entwickelten sich die Maßnahmen bis zur allgemeinen Pflichtimpfung. Aber auch danach waren die Menschen in den Kriegsgebieten sowohl unter der Zivilbevölkerung als auch bei den feindlichen Armeen vor Epidemien nicht gefeit. Die pathogenen Keime entwickelten rasch Resistenz gegen die Impfstoffe. Die Franzosen, die am meisten prophylaktisch vorbereitet waren, blieben trotzdem nicht verschont. 1813 brach in Mainz das Fleckfieber sowohl in den französischen Truppen als auch bei der deutschen Zivilbevölkerung aus.
Auf dem langen Marsch durch die Städte hinterließen die Truppen Krankheiten wie die Pest, Fleckfieber, Trachomata und viele andere Pathologien. Sie grassierten gleichermaßen unter den Truppen der Angreifer wie der Verteidiger, die Heeresführer nicht ausgenommen: Napoleon, Blücher und viele andere.

Nach über zwanzig Jahre anhaltenden – von 1792 (Valmy) bis 1815 (Waterloo) – unmenschlichen französischen Kriegen gegen europäische Staaten sah es in Europa unvorstellbar gespenstisch aus. Aus allen Städten und Ortschaften, die Schauplätze von Schlachten geworden waren, verbreiteten sich Seuchen. Eine Epidemie folgte auf die andere. Massen von Menschen lagen unbehandelt auf Straßen und Feldern. Hungersnöte konnten nicht verhindert werden. Auf den Schlachtfeldern sah es wie in einer endlosen Leichenhalle aus. Tote wurden auch lange Zeit nach dem Krieg nicht geborgen. Epidemien verbreiteten sich allenthalben und über Jahrzehnte.
Eine Seuchenwolke bedeckte Europa. Die Epidemien hielten sich hartnäckig. Sie griffen Mensch und Tier an. Elend verbreitete sich überall.

Während eines ganzen Jahrhunderts konnten die Seuchen und ihre Folgeerscheinungen nicht in allen betroffenen Gebieten ausgerottet werden.[12]

In der Gegenwart verfügen alle Staaten über Institute für Medizingeschichte und Militärmedizin. Es liegen genügend Informationen über kriegerisch verursachte Krankheiten und Epidemien vor. Davon erfährt die Öffentlichkeit wenig oder vielleicht überhaupt nichts. Das Bild vom Krieg als heroischem Abenteuer prägt die vulgäre Vorstellung.
Die Veröffentlichung der Erkenntnisse und Analysen würde sicher den Antimilitarismus stärken. Deshalb bleiben die Forschungsergebnisse größtenteils unter Verschluß. Sie gehören zu den militärischen Geheimnissen.

So sind Tod, Massenmord und das Leiden ganzer Völker weitgehend aus dem öffentlichen Bewußtsein in Europa und den USA, den Kriegstreiberstaaten, verdrängt worden. Die Medien haben Techniken entwickelt, das Thema „Krieg“ nicht ganz auszublenden, sondern es so zu bringen, daß sich niemand aufregt, wenn z.B. ein Aggressionskrieg gegen Irak, Jugoslawien, Tschetschenien, Somalia, Afghanistan, Libyen, Syrien und so weiter geführt wird. Die Menschen nehmen die Nachrichten zur Kenntnis, vergessen sie wieder und unterhalten sich weiter – über Fußball. Die Masse will in ihrer Phantasiewelt nicht gestört werden.

Nach all den Katastrophen, die Europa den Völkern der Welt zugefügt hat, aber auch selbst am eigenen Leib erfuhr, wird nicht die Konsequenz gezogen, mit Krieg Schluß zu machen. Niemand braucht den Krieg. Bei ihm gibt es nur Verlierer und keine Gewinner. Es ist nicht zu spät, Aggressionen sofort zu stoppen.

Mit diesem kurzen aktuellen Bezug schließen wir den Abschnitt über die pathologischen Folgen des Kriegs ab. Erdrückend veranschaulicht die Seuchenwolke über Europa, welche durch die französischen Aggressionen hervorgerufen wurde und Jahrzehnte anhielt, was Kriege alles bewirken können.

Die Niederlage Frankreichs in Europa darf nicht fehlinterpretiert werden. Es war nicht die Absicht Europas, Frankreich vernichtend zu schlagen. Vielmehr wollten es die Gegner zur Zusammenarbeit zwingen und die

---

[12] *Literaturhinweis:* s. Stefan Winkle, Das Seuchengeschehen der Napoleonischen Feldzüge, in: Hamburger Ärzteblatt, Ausgaben 2, 3, 4, 5 und 6, Jahrgang 2007.

globale Beute unter den Europäern teilen. Bald wird Europa kriegsfähig gemacht. Aus den Erfahrungen mit dem Alleingang Frankreichs, das zu seiner Zermürbung führte, lernt Europa nun, seine Aggressionen gegen die Völker der Welt zu koordinieren. Die Politik, arbeitsteilig den Krieg gegen die Welt zu führen, bestimmt die Allianzpolitik in Europa seit dem Ende der napoleonischen Kriege im Jahr 1815 bis heute. Wir werden darauf im Einzelnen eingehen.

IV. Der Aufstieg Ägyptens zur regionalen Macht – Der arabische Einheitsstaat unter Muḥammad ʿAlī

Ende des achtzehnten Jahrhunderts entflammte in Ägypten die Revolution. Unter der Führung von ʿUmar Makram sollten die Osmanen, welche das Land durch eine dreifache Dominanz – Statthalter, Militär und regionale Mamlūkenfürsten – regierten, aus dem Land vertrieben werden.

Noch vor der französischen Invasion Ägyptens (1798) schlug der Aufstand am Nil hohe Wellen. Die Revolution des ägyptischen Volkes unter ʿUmar Makram gegen die Osmanen war im Begriff, sich auf den gesamten Orient auszudehnen. Faktisch verloren die Osmanen ihre Kontrolle über Ägypten. Die Beseitigung des feudalen Systems war noch nicht bis zum Ende durchgeführt worden. Dieser Schritt war eine notwendige Voraussetzung zur totalen Erneuerung des gesellschaftlichen Lebens und zur Umorganisierung des Staates.
Während sowohl Frankreich als auch die europäische Literatur bis heute behaupten, Napoleon wollte die Ideen der französischen Revolution nach Ägypten bringen, hat er real eine bestehende Revolution zerschlagen wollen.

Die Zuspitzung der Widersprüche zwischen den arabischen Völkern und den Osmanen hielt Napoleon für den geeigneten Augenblick, Ägypten anzugreifen. Offensichtlich hatte er nicht damit gerechnet, daß die Ägypter unter veränderten Umständen umdenken und entsprechend handeln würden. Die Parole lautete nunmehr: Die französischen Aggressoren aus dem Lande treiben! Napoleon versuchte vergeblich, den Ägyptern einsichtig zu machen, daß er als Freund und Verbündeter in ihr Land eingereist sei. Es heißt im europäischen Sprachgebrauch ja nicht „französische Aggression“, sondern „französische Expedition nach Ägypten“.

Das ägyptische Volk kämpfte nunmehr an zwei Fronten: Gegen die französischen Eindringlinge auf der einen Seite, gegen die Osmanen auf der anderen. Letztere hatten nichts unternommen, um Ägypten gegen die französische Invasion zur Hilfe zu eilen. Der Widerstandskrieg entbrannte an vielen Orten. Auch der Mamlūkensultan Murād Bey bewährte sich durch hervorragende strategische Planung und logistisches Talent. Bei allen Kriegen Napoleons während 23 Jahren war Ägypten, das der Anfang seiner Eroberungen sein sollte, sein eigentliches Ende.[13]

Die Monate der Franzosen in Ägypten waren kurz, nichtsdestoweniger leidvoll. Nach Vertreibung der Invasoren aus dem Land am Nil ging der ägyptische Kampf weiter – jetzt wieder gegen die Osmanen. Die Revolution wurde weiterhin von ʿUmar Makram geführt mit doppelter Stoßrichtung: Sowohl gegen die osmanische Herrschaft als auch gegen das feudale System der Mamlūken.
Der Sultan von Istanbul setzte eine gewaltige Widerstandsbekämpfungsarmee unter dem Generalstabschef Muḥammad ʿAlī in Marsch. Die osmanischen Truppen erreichten Ägypten. An dieser Stelle finden Szenen von einzigartiger historischer Faszination statt, welche ein ungewöhnliches Geschichtskapitel aufzeichnen.
Die Ägypter stellen eine Delegation von Weisen, Beratern, Politikern und Vertretern der verschiedenen Schichten des Volkes zur Verhandlung mit der osmanischen Armeeführung auf. Dem General wird klargemacht, daß die Alternative lautet: Friedliche Regelung und politische Lösung oder unendlicher verlustreicher Krieg.
Nach Verhandlungen mit den ägyptischen Volksvertretern erklärt Muḥammad ʿAlī, daß hier, in Ägypten, ein selbstbewußtes Volk lebt, das keine Unterdrückung duldet. Ich, Muḥammad ʿAlī, entscheide mich für eine politische, friedliche Lösung.

Muḥammad ʿAlī legte den Auftrag der Hohen Pforte nieder. Dafür belohnen ihn die Ägypter mit der Nominierung zum Staatschef einer nationalen Koalitionsregierung, welche das ägyptische Volk repräsentativ vertritt. Eine Regierung der nationalen Einheit wird gebildet und von der ägyptischen Bevölkerung legitimiert und anerkannt. Muḥammad ʿAlī wird von den Ägyptern in das Amt des Staatsoberhauptes eingesetzt.

---

[13] Wichtigste Quelle zur Erforschung der Epoche der französischen Invasion Ägyptens ist die Abhandlung des zeitgenössischen ägyptischen Historikers ʿAbd ar-Raḥmān al-Gabarti, ʿAlāmat at-Taqdīs fī ṭarḍ al-Francis (Manuskript in: Dār al-Kutub al-Miṣriyya; mehrfache Auflagen; es besteht auch eine deutsche Übersetzung). Gabarti spricht vom „Angriff der Franzosen auf Ägypten" und nicht etwa von einem „napoleonischen Krieg", wie die europäische Literatur es tut, indem sie wichtige historische Ereignisse personalisiert.

Eine *kurze Chronik* zur Markierung der bedeutsamen Ereignisse sei aufgelistet:

- 1801: Restlose Befreiung Ägyptens und Palästinas von den französischen Aggressoren. Napoleon bricht seine Arabien- und Afrikapläne ab, eigentlich gibt er sie endgültig auf. Er orientiert sich nunmehr nach Europa.
- Nach dem siegreichen Widerstand gegen die französischen Invasoren setzen die arabischen Völker den Befreiungskampf fort – nunmehr gegen die osmanische Herrschaft.
- 1805 wird Ägypten vom Osmanischen Reich faktisch unabhängig. Indes erkennt es die Hoheit der Pforte formell an.

Der Wiederaufbau Ägyptens

- 1811 Endgültige Beseitigung der Herrschaft der Mamlūken durch Muḥammad ʿAlī. Mit ihnen geht auch der Feudalismus zu Ende. Diese innere Befreiung markiert die realen Anfänge von Renaissance und Modernisierung Ägyptens. Landreform und breiteste Industrialisierung werden in Angriff genommen. Damit gehen kultureller Aufschwung und Blüte des geistigen Lebens einher. Die Wirtschaft gedeiht. Ein neues Währungssystem wird eingerichtet.

Von nun an werden auch große Schritte zur Wiederherstellung der arabischen Einheit unternommen. Diese Einheitsbestrebungen wurden auch mit militärischen Mitteln durch die von Ibrāhīm geführte ägyptische Armee durchgesetzt.[14]

V. Zerfall des Osmanischen Reichs

Die Befreiung Ägyptens von der französischen Invasion 1801 signalisierte auch den Zerfall des Osmanischen Reiches. Als Frankreich 1798 in Ägypten einmarschierte, haben die Osmanen nichts unternommen, um eine wichtige Region, die sie als Teil ihres Imperiums deklariert hatten, zu verteidigen. Erst nach dem Sieg Ägyptens über die Franzosen erinnerte sich die Hohe Pforte an das Territorium am Nil. Muḥammad ʿAlī und ein Riesenheer sollten es zurückerobern.

Im Angesicht der vernichtenden Niederlage der Franzosen stand Muḥammad ʿAlī vor dem Dilemma, sich dem Befehl des Sultans oder dem Freiheitswillen des ägyptischen Volkes zu beugen. *„Ägypten ist das*

---

[14] Khella, Karam, Sie kommen wieder …, Hamburg 1991, S. 15ff

Grab der Invasoren", erinnerte man ihn an einen alten Spruch. Ohne langes Zögern folgte Muḥammad ʿAlī dem Gebot der Vernunft: *Ägypten den Ägyptern.*

Mit der Unabhängigkeit Ägyptens von der Hohen Pforte war das Osmanische Reich faktisch am Ende. Seine Agonie dauerte indes noch mehr als ein Jahrhundert. Doch erwies es sich immer wieder als unfähig, die von ihm beanspruchten Territorien zu verteidigen, wenn sie von den europäischen Staaten eines nach dem anderen angegriffen wurden:

- 1830 Erste französischen Aggression gegen Algerien,
- 1882 Englische Invasion Ägyptens „Ruin of Egypt",
- 1907 Hispano-französische Aggression auf Marokko, sog. „Marokko-Krise",
- 1919 Italienische Invasion Libyens.

In keinem einzigen Fall haben sich die Sultane von Istanbul auch nur versuchsweise den Europäern bei ihrem Vormarsch durch das Osmanische Reich in den Weg gestellt. Hingegen waren sie kräftig dabei, den Widerstand in den eroberten Ländern zu zerschlagen und sie damit für den Imperialismus sturmreif zu machen.

7. Geschichte des Krieges (3) Entwicklungen in Europa Europäische Einigung gegen den Rest der Welt

I. 1815 Bildung der „Heiligen Allianz“
II. 1815 Wiener Kongreß
III. Europäische Provokationen gegen Ägypten
IV. Seeschlacht von Navarino 1828
V. Herausbildung der militärischen Allianzpolitik in Europa
VI. Quadrupelallianz (1840)
VII. 1840-41 Massive Invasion des arabischen Raums durch europäische Armeen
VIII. Ägypten bleibt regionale Macht

I. 1815 – Bildung der „Heiligen Allianz“

Die „Heilige Allianz“ wurde 1815 in Paris von Österreich, Preußen und Rußland gegründet. Sie berief sich auf die religiösen Fundamente des Christentums und leitete unter biblischen Losungen eine restaurativ-aggressive Politik ein, die im Prinzip bis heute die westliche Politik prägt. Der Slogan „Heilige Allianz“ weist auf die „Verpflichtung zu den Grundsätzen des Christentums“ hin. In diesem Kontext bedeutet er religiöse Legitimation der angestrebten Kriege gegen die nichtchristliche Welt Afrikas, Asiens und der islamischen Region.

Daß Frankreich nicht in die Heilige Allianz aufgenommen wurde, ist zwar auf dem Hintergrund der napoleonischen Feldzüge verständlich, sollte jedoch nicht als grundsätzliche Spaltung innerhalb des europäischen kolonialistischen Lagers interpretiert werden. Frankreich führte unter Napoleon einen Alleingang. Das erträumte französische Weltreich war rasch ausgeträumt. Die Europäer sind sich inzwischen der Wehrfähigkeit außereuropäischer Völker bewußt geworden. Trotzdem denken sie nicht um; vielmehr verstärken sie ihre Aggressivität. Aus den Niederlagen Frankreichs ziehen sie die Konsequenz, eine große Allianz zu bilden, die imstande sein sollte, die Völker der übrigen Welt zu besiegen. Sie verbünden sich nunmehr, um geeint den Süden anzugreifen. Was

Frankreich betrifft, so wird es nach kurzer Karenzzeit wieder in die europäische Aggressionspolitik voll integriert.

II. 1815 – Wiener Kongreß

Die eigentlichen Schritte zur Neuordnung der politischen Verhältnisse in Europa nach den verheerenden französischen Kriegen erfolgen auf dem Wiener Kongreß 1815 unter führender Beteiligung des österreichischen Politikers Metternich. Ganz Europa vereinigt sich gegen die arabischen Staaten und besonders gegen Ägypten. Hauptaufgabe des Wiener Kongresses ist die Koordinierung von Schritten der europäischen Staaten zur gemeinsamen Aggression gegen die arabische Region mit der Vorstellung, im Falle eines Sieges weiter in Afrika und Asien einzudringen.
Die Ambivalenz Metternichs zeigte sich vor allem in seiner Doppelrolle. Er bemühte sich um gute Beziehungen zu Ägypten und nannte Muḥammad ʿAlī seinen Freund, andererseits förderte er die europäische Aggressionspolitik.

III. Europäische Provokationen gegen Ägypten

Zum Verständnis der europäischen Aggressionspläne seit 1798 soll vor allem die Tatsache herausgestellt werden, daß Ägypten als das Hindernis angesehen wird, das Europa den Weg zur Invasion Afrikas und Asiens sperrt. Nach der Zerschlagung der Invasion Napoleon Bonapartes macht sich Preußen den französischen Anspruch zu eigen und will selbst ein Kolonialreich beherrschen. Der Aufstieg Ägyptens und der Wiederaufbau des arabischen Einheitsstaates werden als die Barriere auf dem Weg in den Süden aufgefaßt. Doch sind sich die Europäer der eigenen militärischen Schwäche bewußt. Sie suchen die Allianz mit den Osmanen. Eine deutsche Militärkommission wird aus 15 leitenden Offizieren unter Führung des Generals Helmuth Graf von Moltke gebildet und in die Türkei geschickt, um die osmanische Armee umzuorganisieren, mit modernen Waffen auszurüsten und somit in den Stand zu setzen, den Krieg gegen den arabischen Einheitsstaat zu führen.

Zu diesem Zweck wird in Europa eine sog. „orientalische Krise" inszeniert. Der Slogan soll einen Vorwand zur Intervention liefern. Die hier suggerierte Krise bezieht sich auf die mühsam wiederhergestellte arabische Einheit. „Orientalische Krise" ist als eine Hetzparole gegen die arabische Selbstbehauptung zu verstehen. Die Europäer rüsten massiv für

eine große Konfrontation mit Ägypten auf. Der Plan sieht einen Erstschlag gegen Ägypten vor.
Es wird auf einen kollateralen Schaden spekuliert. Ihm soll die Demontage des wiederaufgebauten arabischen Einheitsstaats folgen. Die vereinten europäischen Seestreitkräfte rücken gegen Ägypten vor. Die Konfrontation findet auf dem Mittelmeer nahe dem griechischen Navarino statt.

IV. Seeschlacht von Navarino 1828

Die Seeschlacht von Navarino 1828 bildet den Kern eines großen Kriegsmythos im europäischen Geschichtswerk. Was ist wirklich geschehen?
1828 setzen die europäischen Staaten die auf dem Wiener Kongreß vereinbarten Aggressionspläne in die Tat um. Sie greifen Ägypten an. Die Seeschlacht auf dem Mittelmeer endet mit einem klarem Sieg der ägyptischen Flotte über die von Osmanen unterstützten europäischen Aggressoren.
Aus der Position der Stärke bietet Ägypten den Europäern einen fairen Friedensvertrag an, der auf den Prinzipien der friedlichen Koexistenz und des gütlichen Austausches basiert. Ägypten schlägt den Europäern einen gegenseitigen Nichtangriffspakt vor.
Die Europäer zeigen Friedenswillen. Sie unterzeichnen den Friedensvertrag.
Die Ägypter vertrauen den Europäern. Die ägyptische Flotte zieht sich in ihre Ausgangsposition zurück.

In eindeutigem Vertrags- und Vertrauensbruch und im bewußten vorsätzlichen Verrat am geschlossenen Frieden stecken die Europäer in einer nächtlichen Aktion die ägyptische Flotte in Brand. Der feige Anschlag zerstört nicht nur die Flotte, sondern auch den Frieden. Die Europäer verbreiten die Propaganda vom Sieg über die regionale Macht Ägypten. Noch heute rühmen die Europäer den vermeintlichen Sieg. In München wird ein Maximilian-Denkmal aus Bruchstücken der Trümmer der ägyptischen Flotte aufgestellt, dessen sich bis heute die Münchner rühmen.
Der im europäischen Geschichtsbuch spektakulär aufbereitete Sieg von Navarino ist eine reine Legende. Richtigerweise handelt es sich um eine Sabotageaktion gegen den Weltfrieden, der von Dauer hätte sein können.

Der europäische Vertrags- und Friedensbruch von Navarino ist leider kein einmaliger Akt geblieben. Völker und Staaten des Südens bemühen sich seit Jahrhunderten um die Etablierung des Weltfriedens. Die Vereinbarungen können nicht anders als durch einen schriftlichen Vertrag festgehalten werden. Seine Erfolge hängen aber davon ab, daß jede Seite ihren Anteil zur Sicherung des Friedens tut. Die Araber haben die Friedensverträge stets strikt eingehalten. Die Europäer haben den vereinbarten Frieden stets verraten und gebrochen. Der gute Wille besteht leider nur auf der einen Seite.

Im übrigen hat sich der Friedensverrat von Navarino nicht gelohnt. Ägypten antwortete mit einem Gegenschlag, durch den die Europäer in die Flucht getrieben wurden.

V. Herausbildung der militärischen Allianzpolitik in Europa(2)

Frankreich verfolgte eigene koloniale Pläne. Offensichtlich bestand zwischen ihm und den anderen europäischen Staaten Einvernehmen darüber, sich gegenseitig nicht zu stören.

Im Jahr 1830 greift Frankreich Algerien an und besetzt einige Schlüsselpositionen. Entgegen der in Europa geläufigen Geschichtsdarstellung bleibt der größte Teil der algerischen Territorien nach der französischen Invasion frei und wird vom Volk in eigener Selbstverwaltung kontrolliert. Ein Teil Algeriens – Wahrān – bleibt als autonome Provinz unter osmanischer Herrschaft.

Die Unabhängigkeit Ägyptens und die Formierung des Widerstands in Syrien gegen die Osmanen führen zur sichtlichen Schwächung osmanischen imperialen Stellung. Es ist offensichtlich, daß sie den Höhepunkt ihrer Macht überschritten haben. Das Osmanische Reich gerät immer mehr in eine tiefe Krise. Politik und Wirtschaft befinden sich im Verfall. Die Osmanen fliehen vom Regen in die Traufe. Aus Furcht vor dem arabischen Widerstand verbünden sie sich mit den Europäern. Europa seinerseits braucht die Osmanen; es ist sogar auf sie angewiesen. Sie sollen den Europäern die Kastanien aus dem Feuer holen. Die Osmanen und der arabische Widerstand sollen sich gegenseitig zermürben, um die Region für den europäischen Kolonialismus sturmreif zu machen. Europa stützt das Osmanische Reich mit seiner islamisch begründeten Herrschaft gegen die säkularen modernistischen und emanzipatorischen Bewegungen in der arabischen Welt.

Seit 1831 werden die Osmanen von Europäern militärisch unterstützt in der Hoffnung, den arabischen Widerstand zu zerschlagen. Dennoch konnten die ägyptisch-arabischen vereinten Streitkräfte die Osmanen aus Palästina, Syrien und dem Libanon vertreiben (1831-33). Mit der Befreiung Groß-Syriens wird der arabische Einheitsstaat mit Ägypten mit Kairo als Sitz der Zentralregierung etabliert. Er umfaßt das gesamte Niltal mit Ägypten und Sudan bis zu den Nilquellen, auf asiatischer Seite die Halbinsel Arabien mit Naǧd, Ḥiǧaz, Jemen, dem arabischen Kernland und dem Golf, im Norden den Fruchtbaren Halbmond mit Palästina, Jordanien, Irak, Syrien und Libanon. Das heißt, der vereinigte Staat besteht aus dem gesamten arabischen Osten. Rückblickend auf die Langzeitgeschichte hat das Reich von den Pharaonen über die Ptolemäer bis zum Kalifat das genannte Gebiet von Tigris bis Tripolitanien im Osten stets als Einheit verstanden und integriert behandelt. Staatsoberhaupt des modernen arabischen Einheitsstaats ist nunmehr Muḥammad ʿAlī.

Daraus haben die Europäer eine „Orientalische Krise" (1831-1841) konstruiert, wie schon beschrieben. Unter dieser Parole verschärften die europäischen Medien die Propaganda gegen den jungen arabischen Einheitsstaat.
Der Ausdruck „Orientalische Krise" wurde schon in den 1820er Jahren von den europäischen Medien geprägt. Zum Kontext: Die arabische Welt erholt sich allmählich von der seit dreihundert Jahren (seit 1516) anhaltenden Unterdrückung durch die Osmanen. Seit 1805 beginnt eine ägyptisch-arabische Renaissance. Unter der Führung Ägyptens als regionaler Macht schließen sich die Länder des arabischen Ostens zu jener Einheit zusammen, die in den Völkern schon immer bestanden hat. Gesellschaft, Wirtschaft, Kultur und das Leben überhaupt florieren wieder in der arabischen Welt. Das war Europa oder den Herrschern dieses Kontinents nicht recht. Mit allen Mitteln der politischen Propaganda und Massenpsychologie werden Sabotage und Spaltungsversuche unter den Arabern betrieben. Die Wortprägung „Orientalische Krise" soll den Europäern einen Vorwand zur militärischen Intervention liefern. Das Ziel dieser Intervention ergibt sich aus der Absicht, die Unabhängigkeit und den Aufstieg Ägyptens und der arabischen Welt zu verhindern.

Bildung der europäischen Großallianz gegen die Araber

Die Staaten England, Österreich-Ungarn und Preußen vereinbaren die Bildung einer europäischen Allianz zur Führung des Krieges gegen Ägypten und den arabischen Einheitsstaat. Sie streben die Gewinnung der Osmanen als Verbündete an. Die Aggressionen und die wiederholten Invasionsversuche werden durch die ägyptisch-arabische Armee zurückgeschlagen. Ägypten geht aus der militärischen Konfrontation siegreich hervor.

Die Mobilmachung der ägyptisch-arabischen Armee zur Abwehr der Aggression der großen europäischen Allianz wird von England ausgenutzt, um im Sog der abgezogenen europäischen Truppen den südlichen Jemen anzugreifen und Aden zu besetzen. Zum einen schneidet England den Arabern damit den kombinierten Land-See-Weg ab, zum anderen kontrolliert es die Straßen nach Südost-Asien und den Welthandel.

Die Osmanen ihrerseits versuchen, sich den Arabern als Verbündete zu präsentieren, wollen sich aber von den europäischen Invasionsplänen nicht ernsthaft trennen. Sie leiten eine Reformphase (Iṣlāḥāt-Periode) in der Absicht ein, die arabische Akzeptanz für ihre Herrschaft zu erwerben. Ausdruck dieser Bekundung ist das Edikt (Ḫaṭṭ-i šarīf) vom 3. November 1839. Die osmanische Maßnahme kommt reichlich spät, da die Selbstbefreiung der arabischen Region vorerst abgeschlossen war.

VI. Quadrupelallianz – Gebildet von England, Österreich-Ungarn, Preußen und Rußland

Nach wiederholten Niederlagen im Krieg gegen Ägypten suchen die Europäer nicht den Frieden, sondern die Eskalation. Doch hat die bisherige Erfahrung gezeigt, wie sehr sie bei einer militärischen Konfrontation mit den ägyptisch-arabischen Streitkräften unterlegen sind. Zwei entscheidende Maßnahmen ergreifen die Europäer:

a) Am 15. Juli 1840 schließen sie mit der Türkei eine Konvention über militärische Hilfe ab.
b) Um die Aggressionsfront zu verbreitern, stellen die Aggressoren innereuropäische Widersprüche zurück. Von da an konzentrierten sie ihre diplomatischen Bemühungen um die Allianz mit dem Russischen Reich. Das Ziel konnte freilich nicht so einfach realisiert werden, denn Rußland verfolgte eigene imperialistische Pläne und war fleißig dabei, sie umzusetzen.

Schließlich gelang es, eine Vereinbarung mit Rußland unter Wahrung seiner Interessen zu schließen. Es kommt zur *Quadrupelallianz*. Der Vertrag wird am 15.11.1840 unterzeichnet. Synchron verpflichtet sich der osmanische Sultan, zusammen mit der Quadrupelallianz den Krieg gegen

Ägypten zu führen. Erklärtes Ziel des Bündnisses ist die Zerschlagung Ägyptens.

In Kairo wird erneut eine Friedensinitiative in Gang gesetzt. Der ägyptische Staat unter Khediv Muḥammad ʿAlī bekundet wiederholt den guten Friedenswillen und betont seinen dringenden Wunsch, mit den europäischen Staaten und der Türkei zu kooperieren. Frankreich reagiert positiv auf die Appelle aus Kairo. Zum Zeitpunkt der Bildung der europäischen Allianz von 1840 bestand eine Annäherung zwischen Frankreich und Ägypten. Muḥammad ʿAlī wurde zu einem Staatsbesuch nach Frankreich eingeladen. En Revanche weigerte sich Frankreich, sich an der Quadrupelallianz zu beteiligen. Zwischen Ägypten und Frankreich wurde reger Austausch auf verschiedenen Ebenen gepflegt.

Muḥammad ʿAlī war inzwischen weltweit hochangesehen. Aus allen Kontinenten strebten Staaten und Politiker Beziehungen zu dem Präsidenten Ägyptens an. Auch in Europa wetteiferten führende Persönlichkeiten um die Gewinnung der Freundschaft mit Ägypten und seinem Präsidenten Muḥammad ʿAlī. Er wurde als staatsmännisches Vorbild betrachtet und geehrt. Schriften von Zeitgenossen Muḥammad ʿAlīs, z.B. Metternich und Fürst Pückler vermitteln einen Eindruck von dem Ansehen, das Muḥammad ʿAlī in Europa genossen hat. Hermann Pückler (1785-1871) war in Kairo und hatte eine Audienz bei Muḥammad ʿAlī. Er beschreibt selbst seine Begegnung bei dem Khediven und lobt ihn als überzeugenden Vordenker des Liberalismus. Wie sehr Pückler von der Persönlichkeit des ägyptischen Herrschers beeindruckt war, bekundet er in seinen Erinnerungen.[15] Unterdessen laufen in Europa die militärischen Vorbereitungen zur Aggression gegen den ägyptisch-arabischen Einheitsstaat weiter.

VII. 1840-41 – Massive Invasion des arabischen Raums durch europäische Armeen

Die Invasion läuft unter dem Oberbefehl des preußischen Generals Helmuth von Moltke. Die arabische Armee antwortet mit einer Gegenoffensive. Graf von Moltke ergreift die Flucht. In seinem Zelt läßt er seine militärischen Karten, armeeinternen Papiere und Geheimpläne zurück. Der ägyptische Feldherr Ibrahim sammelt sie ein und schickt sie ihm per Kurier zusammen mit höflichem Gruß nach.

---

15 H. Pückler, Briefe eines Verstorbenen, 4 Bde., 1830-32

Die Offensive der ägyptisch-arabischen Armee war erfolgreich. Sie wurde nicht dazu genutzt, Revanche zu nehmen. Wäre es umgekehrt gewesen, hätten die Europäer an den besiegten Soldaten ein Massaker angerichtet. Die Araber boten den Europäern einen Waffenstillstand und dauerhaften Frieden an.

Allen militärischen Aggressionen und Verbrechen gegen die Menschlichkeit zum Trotz bewahrt die arabische Seite die Hoheit der Vernunft und bietet Konzilianz an. England wird das schon im Jahr 1839 gewährte Privilegium „*Imtiyāz*" (die europäische Literatur nennt es Kapitulationsvertrag (!)) weiterhin zuerkannt. Es räumt England Sonderrechte zur Wahrnehmung wirtschaftlicher Interessen durch die Errichtung eines Konsulats in der palästinensischen Hauptstadt Al-Quds (Jerusalem) ein.

1841-42: Entflechtung der Truppen von europäischen Invasoren und der ägyptisch-arabischen Armee. Gleichzeitig lassen sich die Araber nicht irreleiten. Sie organisieren die Versorgung und Selbstverteidigung. Das Heer bleibt in ständiger Abwehrbereitschaft. Diese Tatsache erklärt die relative Zurückhaltung der Europäer während der kommenden vier Jahrzehnte.

In Europa verschärft sich die soziale Lage infolge von Hungersnöten, Elend und Epidemien als Spätfolgen der französischen Aggressionen (bis 1815). 1847/48 treten massive Ausfälle der öffentlichen Versorgung auf. 1848 kommt es zu ausgedehnten Aufständen.
Nach den gescheiterten Aufständen von 1848 in Europa werden ehemalige Oppositionelle aus Deutschland, Frankreich, England und Italien in die Dreikontinente des Südens gebracht: Aus Frankreich nach Algerien und Afrika, aus Deutschland in den amerikanischen Doppelkontinent, aus England nach Australien, aus Italien nach Libyen. Diese in der europäischen Literatur sogenannten Auswanderer bilden die soziale Basis des Siedlerkolonialismus. Aus der europäischen Linken, die im 1848er Aufstand kämpfte, sind sehr bald Kolonialherren geworden. Deutsche Siedlerkolonien etablieren sich in Amerika, französische in Algerien. Die einstigen 1848iger Aufstandsführer in Frankreich, die nach Algerien geschickt wurden, entwickelten sich dort zu einer herrschenden Kolonialaristokratie, die einen blutigen Krieg gegen das algerische Volk führt. Zu ihnen zählt auch ein beachtlicher Teil der faschistischen „*pieds noirs*", die furchtbare Massaker an der algerischen Bevölkerung verübt

haben. Aus dem Klassengegensatz unter den Franzosen wurde eine kolonialistische Allianz.

VIII. Ägypten bleibt regionale Macht

Seit Beginn des 19. Jahrhunderts erlebt Ägypten eine wachsende wirtschaftliche Prosperität und kulturelle Blüte und bleibt eine einflussreiche Macht. Aufgrund der Vereinbarungen Anfang der 1840er Jahre behält Ägypten die Position der regionalen Führungsmacht. Daran konnten die europäischen Provokationen und Aggressionen von 1831-41 nichts ändern. Die Groß-Allianz (1839-1841) aus europäischen Staaten und den Osmanen mit dem Ziel, Ägypten zu zerschlagen, scheiterte. Um des internationalen Friedens willen zog sich Ägypten zwar aus dem arabischen Osten zurück, die Einheit des Niltals einschließlich des Groß-Sudans mit Zentralgewalt in Kairo blieb jedoch bestehen.

Die von Muḥammad ʿAlī eingeleitete Industrialisierung mit Großprojekten und Schwerindustrie – Belegschaften mit einer Größenordnung von 35.000 Arbeitskräften – wird weiter ausgebaut. Die Wirtschaft wird verifiziert. Die Reform des Verwaltungswesens und der umfassende soziale Fortschritt schaffen die Voraussetzungen für die Renaissance und den Aufbau des modernen Ägyptens.
Neben der öffentlichen Versorgung wird die Infrastruktur mit Fernstraßen, Eisenbahnvernetzung sowie über hundert von ägyptischen Ingenieuren errichteten Wasserstraßen und weitreichenden Kanälen ausgebaut. Sie verbinden die Landesteile und verstärken die einheitlichen Strukturen. Mehrere Staudämme, Schleusen und Nilbrücken begründen die optimale Verteilung der ohnehin begrenzten Wasserressourcen. Die Bewässerung wird flächendeckend angelegt. Sie zeugen heute noch von der exakt errechneten Statik, Sorgfalt und Stabilität der baulichen Ausführung. Sowohl große Häfen für den Außenhandel als auch inländische Häfen für den Binnenhandel kommen hinzu. Umschlagplätze und Speicheranlagen mit großer Aufnahmekapazität lassen sich heute noch in bestem Zustand sehen und nutzen. Bergbau und Erschließung von Bodenschätzen geben der Industrie eine solide Basis. Ägypten wird nicht nur autark, sondern auch ein exportstarkes Land für Industrieprodukte.

Die Bedeutung der Einrichtung der staatlichen Druckerei „al-Maṭbaʿa al-amīriyya“ und die Verbreitung gedruckter Schriften kann nicht genug herausgestellt werden. Gedruckte Schulbücher erhöhen das Ausbildungsniveau. Mit dem Pressewesen verbreitet sich die allgemeine Bildung.

Die Nachfolger Muḥammad ʿAlīs setzten den progressiven Kurs ihres Vorgängers fort. Der Auf- und Ausbau des Schul- und Hochschulwesens, die Verbesserung der gesundheitlichen Versorgung und nicht zuletzt die staatsbürgerliche Partizipation und Demokratisierung – seit 1866 mit Parlament – brachten Ägypten in die Reihe der fortgeschrittensten Staaten der Welt.
Die Renaissance Ägyptens unter Muḥammad ʿAlī wurde tatkräftig unter seinem Enkel Ismāʿīl zu einem weiteren Höhenflug gebracht.

Mit dem ökonomischen, technischen und kulturellen Aufschwung stieg Ägypten an die Spitze der fortgeschrittensten Staaten der Welt. Wirtschaftliche Hochkonjunktur, sozialer Fortschritt, kulturelle Blüte und allgemeiner Wohlstand brachten Ägypten nicht nur politische Stabilität, sondern auch die militärische Bedrohung von seiten europäischer Staaten, insbesondere Englands, das in Ägypten einen ernsten Rivalen sah, der englische Interessen bedrohe.
Auch andere europäischen Staaten betrachteten diese Entwicklung nicht wohlwollend. Gerade während der Ära Ismāʿīls erwartet Ägypten auf dem Höhepunkt seiner Entwicklung ein schwerer Rückschlag.

Ägypten, genauer gesagt, der Fortschritt dieses Landes, wurde zum Hauptproblem der Europäer. Wie gern hätten sie es sofort ruiniert, wenn sie nicht seine Stärke und die Entschlossenheit seiner Bevölkerung befürchten mußten.
Der vierzigjährige Friede seit 1841 erwies sich als trügerische Ruhe. Seitdem bereitete sich Europa auf den massiven Schlag vor. Er wird von England durchgeführt, doch hat es ihn zuvor genau mit anderen europäischen Staaten – besonders Deutschland und Frankreich – abgesprochen. Der Erfolg einer englischen Invasion hing von einer Reihe von Bedingungen ab, ohne die eine Niederlage der Aggressoren sicher wäre. Die Invasionspläne wurden dem Prinzip nach bereits auf dem Berliner Kolonialkongreß 1878 beschlossen, und zwar nicht plenar, sondern in den Ausschüssen der Geheimdipolomatie. Deutschland hat durch Bismarck seine Zustimmung ausdrücklich erteilt.

8. Aufstieg des deutschen Imperialismus

I. 1870 -1871 Deutsche Invasion Frankreichs

1870 führte Deutschland gegen Frankreich Krieg. Es waren zwei europäische Mächte gegeneinander im Kampf. War es ein „nationaler“ oder ein „Klassenkrieg“? Handelte es sich um eine nationale Allianz der Klassen und „Staat gegen Staat“ oder um eine Klassenallianz, wobei sich Klassen übernational verbündet haben?

Auf der einen Seite war es ein nationaler Krieg, denn beide Staaten rivalisierten miteinander in bezug auf das Primat in Europa und die künftige Aufteilung der Welt unter den europäischen Staaten. Daher wird er in der Literatur als „deutsch-französischer Krieg“ bezeichnet. Aber er war in der Tat auch ein Klassenkrieg. Frankreich als Ganzes war nicht gegen diesen Krieg, denn es war ein Krieg gegen die *Pariser Commune.* Im bürgerlichen Geschichtsbuch wird dies anders dargestellt, wobei sozialistische und marxistische Autoren den Charakter der deutschen Aggression gegen Frankreich als Klassenkrieg betonen. Auch Bertolt Brecht (1898-1956), der den Kontext des deutsch-französischen Kriegs hervorragend und historisch korrekt dramaturgisch in dem Meisterwerk „*La Commune*“ aufbereitete, stellt den deutsch-französischen Krieg 1870/71 richtig als Klassenkrieg dar. Die Klassenallianz setzte sich gegen die nationale Allianz durch – doch nur bedingt.

In Frankreich bestand eine Doppelherrschaft, die *Commune von Paris* und die Bourgeoisie. Deutschland alliierte sich mit der in Frankreich wirtschaftlich herrschenden Klasse, der Bourgeoisie – die aber nicht die Staatsmacht hatte – gegen die Kommunisten, die auch im Namen des Proletariats regierten. Deutsches und französisches Kapital hatten beide das gemeinsame Interesse, die *Commune* zu zerschlagen. Diese Sicht der Widersprüche ist wesentlich, aber keine originelle These von mir. Die Zeitgenossen, z. B. Wilhelm Liebknecht (1826-1900, Vater v. Karl L.), haben dies damals schon richtig gesehen. Brecht knüpfte an diese Auffassung an und hat sie für die Bühne aufbereitet. In der gegenwärtigen

Literatur gerät diese These fast in Vergessenheit. Sie ist eine zwar minoritär vertretene, doch gut begründete These, die allerdings in der Literatur westlicher Herkunft vertuscht wird.

Im Folgenden möchte ich einen Aspekt herausstellen, der uns künftig oft wieder begegnen wird, nämlich die Frage „Alliierte und Feinde"; das meint, daß sich Gegner durchaus zu Verbündeten zusammenschließen. Diese Sicht von Widersprüchlichkeiten ist von großer Bedeutung bei der Aufbereitung von Geschichte, wenn es darum geht, die Fronten genau zu bestimmen. „Alliierte" ist ein relativer Begriff. Selbstverständlich rivalisierten Deutschland und Frankreich um die Führung in Europa. Selbstverständlich hat das preußische bzw. deutsche Militär seine Überlegenheit gegenüber Frankreich schamlos ausgenutzt. Auf der Welle des Sieges über die *Pariser Commune* hat Deutschland z.B. Elsaß-Lothringen annektiert.
Deutschland verbündet sich aber mit der französischen Bourgeoisie, also mit einem Rivalen, zur Zerschlagung der *Pariser Commune.*
Während des Krieges gegen Frankreich wird das Deutsche Reich unter preußischer Führung gegründet. Der militärische Gewinn schlug in einen politisch – wirtschaftlichen um.

Beim Thema „deutsch-französischer Krieg" möchte ich noch auf einen weiteren Aspekt mit aktuellem Bezug hinweisen. Das Thema Krieg hat leider immer noch einen aktuellen Bezug, sogar einen brennenden.
Die USA, die damals noch nicht mit dem Anspruch „Weltmacht" aufgetreten sind, haben Deutschland gegen Frankreich unterstützt. Sie stellten Bismarck Militärberater zur Verfügung. Diese brachten ein neues Konzept von Krieg mit, das allerdings nicht im vollen Umfang umgesetzt wurde. Hintergrund für die von den USA vorgeschlagene Kriegsstrategie war der Umstand, daß die *Pariser Commune* Ausdruck der Tatsache war, daß Frankreich analog den Klassengegensätzen gespalten war: Auf der einen Seite in Bauern, Arbeiter, Intellektuelle und Linke, die hinter der *Commune* standen, auf der anderen Seite die Bourgeoisie, die sich anschließend hinter Deutschland versteckte und erklärte, Deutschland greife Frankreich an.
Die französische Bourgeoisie hatte den Feind eng gefaßt: Die *Pariser Commune* und ihre Unterstützer.

Für Preußen bzw. Deutschland war es die Gelegenheit, das Primat Frankreichs in Europa zu brechen. Natürlich haben die Deutschen diesen hohen Preis nicht verbal gefordert, ihn aber vorprogrammiert. Sie sagten, sie werden die *Pariser Commune* zerschlagen, und meinten ganz Frankreich, d.h. sie wußten genau, wer und was in Frankreich angegriffen werden sollte. Hinter dem Bündnis versteckten sich ihre Großmachtinteressen.

Eine eigene Position und strategische Vorstellung hatte der lachende Dritte, der im Hintergrund an diesem Kriegsgeschehen beteiligt war. Für die USA sollte der ganze Krieg zwar als eine limitierte Aktion erscheinen und unter dem Aspekt betrachtet werden, daß dies ein Krieg gegen eine Regierungsform, die Kommune, also ein Klassenkrieg mit begrenzter Zielsetzung sei. Doch ist die Kriegspropaganda die eine Sache und der reale Krieg eine ganz andere, so wie bis heute von den imperialistischen Staaten praktiziert. Die USA nutzten den deutsch-französischen Krieg als ein Experimentierfeld für ihre besondere Art, Kriege zu führen und ihre speziellen Kriegstechniken zu entwickeln. Unter diesem Aspekt erlangt der „deutsch-französische Krieg" 1870 kriegsgeschichtlich eine besondere Bedeutung, denn er operationalisiert und praktiziert eine zwar nicht neue, doch erst jetzt methodisch ausgearbeitete und vorsätzlich geplante Strategie: *Krieg richtet sich nicht nur gegen die bewaffnete Macht, sondern ebenso radikal gegen das Volk.*
Die imperialistische Aggression war schon immer ein Krieg gegen das heimgesuchte Volk. Neu ist hier nur, ihn methodisch zu entwickeln, zu modernisieren und rücksichtslos anzuwenden.

II. Strategie des „Enemy People"

Der Krieg gegen das Volk, der von den USA zum militärischen Prinzip erhoben wurde, hat schon lange zuvor im Westen bestanden. Neu ist, ihn methodisch zu entwickeln und konsequent anzuwenden. Der Aggressor rechnet damit, daß das angegriffene Land nicht mit einem Massaker gegen die Menschen rechnet, sondern mit einer militärischen Auseinandersetzung zwischen Armeen, und die Zivilbevölkerung verschont bleibt. Wenn das Volk jedoch die Tatsache realisiert, dass der Feind primär das Volk vernichten und nicht nur eine Armee besiegen will, ergreift es bald Gegenmaßnahmen. Die Aggressoren müssen also das Volk überraschen und schnell handeln, bevor dieses eine geeignete Abwehr aufbauen kann.

Die „Enemy-People-Strategie" ist menschheitsgeschichtlich gesehen ein absolutes Novum. Sie ist die militärgeschichtliche ‚Leistung' der USA. Nach ihrer Ansicht darf der Krieg nicht allein gegen die Streitmacht gerichtet sein, was bisher eine historisch anerkannte, heilige Konvention

war. Die USA meinen, das Volk ist der eigentliche Feind, der bekämpft werden muß. Die USA selbst betiteln den Krieg gegen das Volk als Strategie des „Enemy people".
Dem deutschen und dem französischen Kapital kam diese Strategie sehr entgegen, denn die Kommune hatte ihre Basis im Volk und sollte deshalb zerschlagen werden.
Auf die *Strategie des „Enemy people"* wird ausführlich im Kapitel „US Way of War"[16] eingegangen.

Die Quelle dafür, daß es US-amerikanische Militärberater waren, die an der Seite Deutschlands – oder auch an der Seite des französischen Finanz- und Industriekapitals – gegen die *Pariser Commune* gestanden hatten und mit sich diese strategische Neuerung brachten, ist im Werk von Weigley „The American Way of War" nachzulesen.[17]

---

[16] siehe Karam Khella, ‚Imperialismus heute, Krieg und Frieden', S. 129 ff., Theorie und Praxis Verlag 2012

[17] Weigley, Russell F., The American Way of War – A History of United States Military, Strategy and Policy, New York and London 1973, P. 195 -196, 199, 210, 220, 311, 509 („Franco-Prussian War").

9. Die Kolonialkongresse und die Koordination des totalen Angriffs auf den Süden (1)

I. Berliner Kolonialkongreß Juni 1878
II. Ruin of Egypt (1)
III. Ägypten im Widerstand
– Volksaufstand unter der Führung von Aḥmad ʿUrābī' (1882)

Mit dem eindeutigen Sieg Deutschlands über Frankreich stieg Deutschland zur Führungsmacht im imperialistischen Lager auf. Aus der Position des Siegers konnten die Deutschen die imperialistischen Staaten an ihren eigenen politischen Tisch einladen und die nächsten Kriege planen, koordinieren und dabei sich selbst den Löwenanteil an der Weltteilung sichern.

Parallel dazu werden Ägypten und Nordafrika arbeitsteilig von den europäischen Ländern angegriffen. Die Europäer richten ungeheure Zerstörungen und Blutbäder an.
1882 findet der von England deklarierte „Ruin of Egypt" statt. Nordafrika wird von den Europäern besetzt. Damit ist ihnen das Tor nach Afrika offen. Ab 1885 gerät Afrika unter die koordinierten europäischen Angriffe. Dem schwarzen Kontinent stehen die furchtbarsten Jahre seiner ganzen Geschichte bevor.
Die arabischen und afrikanischen Völker jedoch vereinen ihre Kräfte gegen die europäischen Aggressionen. Die Befreiung des afrikanischen Kontinents wird eingeleitet.

I. Berliner Kolonialkongreß vom Juni 1878

Als ursprünglicher Tagungsort des Kongresses war zunächst Wien vorgesehen. Mit der Berufung der Konferenz nach Berlin unter Vorsitz des deutschen Reichskanzlers Bismarck, hatte nunmehr Deutschland die Führung des europäischen Imperialismus inne. Unmittelbarer Anlaß war der Balkankonflikt und der russisch-türkische Krieg. Es ging jedoch um viel mehr. Eigentlicher Grund war die nach imperialistischer Sicht fällige Neu-Aufteilung der Welt unter den europäischen Staaten.

Die europäische Geschichtsschreibung ignoriert dabei die Tatsache, daß diese Teilung zunächst nur auf dem Papier gestanden hat. Sie ist nicht in die Realität in der naiven Weise eingetreten, wie es sich die Europäer vorgestellt hatten.

Die Konferenz hatte ferner die Aufgabe, eine zwischenstaatliche Regelung zu finden, die verhindern sollte, daß sich während der Aggressionen gegen den Süden die europäischen Armeen einander bekämpfen und es zu einem europäisch-europäischen Krieg auf fremden Kontinenten käme. Trotzdem wiederholten sich militärische Konfrontationen unter den europäischen Truppen während der Invasion der Dreikontinente – besonders dort, wo es um begehrte Gebiete ging, z.B. an der Grenze zum Sudan. Deutschland, das im Vergleich zu anderen europäischen Staaten erst später Kolonialmacht wurde, konnte durch die Berliner Konferenz auf dem Verhandlungswege seine Anteile ausbauen.

Die Teilnehmer des Berliner Kongresses waren Vertreter von ***Staaten*** – mit einer einzigen Ausnahme: Als Mitglied des Berliner Kongresses eingeladen war auch die Führung der potentiellen, noch nicht offiziell begründeten zionistischen Organisation, vertreten durch Baron Rothschild.[18]
Damit demonstrierte Deutschland den großen Stellenwert, den es bei der Realisierung imperialistischer Ziele dem Zionismus beimaß. Großbankier Rothschild war wichtigster Finanzier der europäischen Aggressionskriege seit 1798.
Auch das Osmanische Reich war eingeladen. Das christliche Europa legte großen Wert darauf, die Osmanen in seine Aggressionspolitik zu integrieren.

Auf den Berliner Kolonialkongreß baute eine Serie von Nachfolgekonferenzen auf.

Die auf dem Berliner Kolonialkongreß 1878 gefaßten Pläne konnten nicht durchgeführt werden. Die vorgesehene Aufteilung der Welt unter die europäischen Staaten und die dazu notwendigen Aggressionskriege stoßen auf ein Hindernis, das erst beseitigt werden mußte, um den Sprung nach Afrika und Asien zu wagen.

---

[18] In einem Brief an Engels vom 3. August 1882 verweist Marx – als zeitgenössischer Beobachter der Ereignisse – namentlich auf die Drahtzieherfunktion Rothschilds bei Aggressionen und seine Rolle in Verbindung mit dem Überfall Englands auf Ägypten, dem sog. „britisch-ägyptischen Krieg“, MEW 35, S. 78. Die Aggression gegen Ägypten wurde von England selbst als „Ruin of Egypt“ bezeichnet.

Das Tor in die beiden Kontinente war für die Europäer fest verschlossen. Bevor der nächste entscheidende Kolonialkongreß im Jahre 1884 einberufen wurde, mußten die notwendigen Voraussetzungen dafür geschaffen werden: Die Zerschlagung Ägyptens als Schutzmacht des Südens.

II. „Ruin of Egypt" (1)

1879-1882: Nach einer längeren Phase der Penetration und Infiltration von seiten Englands und Frankreichs in Afrika, Asien und die arabische Welt werden nun in Europa Angriffspläne vorbereitet und diskutiert. Die Europäer wollen den Krieg gegen den Rest der Menschheit. Die Kriegsplanung geht von der Staatsebene aus, um dann die Bevölkerungen einzubeziehen.
Erste Schritte zur Durchführung der weltweiten Aggression war die Militarisierung der europäischen Gesandtschaften (entsprechen den heutigen Botschaften) in den Schlüsselländern, insbesondere Ägypten. Als nächstes versuchen die Europäer, Stützpunkte in den Regionen zu errichten, die Ziel ihrer baldigen Aggressionen sein werden.
Die gescheiterte französische Aggression gegen Ägypten (1798-1801) wurde gründlich analysiert. Die Ergebnisse wurden zur Grundlage einer neuen Strategie gemacht. Die europäischen Staaten gehen nun von der Notwendigkeit aus, die ägyptische Verteidigung, die nicht nur Ägypten selbst, sondern den gesamten afrikanischen Kontinent und die arabische Region schützt, zerschlagen zu müssen, um dann in den afro-asiatischen Doppelkontinent eindringen zu können.

Der exterritoriale Status, den die ausländischen Vertretungen, damals „Gesandtschaften" genannt, genießen, wurde soweit mißbraucht, daß z.B. die englische Gesandtschaft in Kairo sich in einen Quasi-Stützpunkt verwandelte. England und Frankreich intervenierten wiederholt in die inneren Angelegenheiten Ägyptens. Als eine große Provokation empfand man die anglo-französische Forderung, zwei Ministersitze in der ägyptischen Regierung besetzen zu wollen. Das Ausmaß der englischen Einmischung in innerägyptische Belange kritisierte die Öffentlichkeit als „Staat im Staate".[19] England reagierte heftig auf die Proteste am Nil.

Der ägyptische Präsident Ismāʿīl war ein Staatsmann von hoher Kultur. Er kannte die politischen Verhältnisse im In- und Ausland sehr gut. Er

---

[19] Der Spruch „Staat im Staat" wurde damals in Ägypten erstmalig geprägt; seitdem wurde er zum geflügelten Wort der politischen Kritik.

besaß eine breite Bildung, war multilingual und von überzeugender politischer Weisheit. Ismāʿīl erfreute sich großer Beliebtheit und wurde vom Volk verehrt.
Durch ihre direkte Intervention in die ägyptische Politik konnten England und Frankreich den fortschrittlichen und reformfreudigen Khediven Ismāʿīl zur Abdankung zwingen und seinen charakterlosen Sohn Tawfīq (1879-1892) einsetzen. Letzterer war nur noch ein Scheinkönig. Die ägyptische Politik wurde unzulässig vom Gesandten, von den Generalkonsulen Englands und Frankreichs und vom ausländischen Kapital, darunter Rothschild, mitbestimmt. Der steigende imperialistische Einfluß provozierte die Ägypter immer mehr. Sie erhoben sich gegen die ausländische Intervention und die Fremdbestimmung sowie gegen den Marionettenkönig Tawfīq. An der Spitze der aufständischen Bewegung standen Intellektuelle und patriotische Offiziere um *Aḥmad ʿUrābī.*
Auf das Thema „Ruin of Egypt“ werden wir im nächsten Kapitel noch einmal zu sprechen kommen.

III. Ägypten im Widerstand
– Volksaufstand unter Führung von Aḥmad ʿUrābī (1882)
Ägypten organisiert sich gegen die imperialistische Einmischung in seine Angelegenheiten.

Gegen die wachsende imperialistische Infiltration durch England und Frankreich und ihre Einflußnahme auf den Staat erhob sich die ägyptische Bevölkerung.
Die 1879 gegründete Nationale Partei *al-hizb al-watani* wurde zur politischen
Führungskraft der revolutionären antiimperialistischen Bewegung. An oberster Stelle ihrer Forderungen standen:

1. Beseitigung des ausländischen (imperialistischen) Einflusses auf Staat und Gesellschaft. Im Konkreten sollten englische und französische Deputierte, die bis an die Schaltstellen des Staates gelangen konnten, entfernt werden. England und Frankreich waren durch einige Minister vertreten. Außerdem konnten sie mitbestimmen, wer von ägyptischer Seite in die hohen Positionen des Staatsapparats berufen werden sollte *(Nubār Pascha).*
   Die Nationale Partei forderte die Entlassung von europäischen Spitzenbeamten aus der Regierung.
2. England und Frankreich stellten fingierte Rechnungen an den ägyptischen Staat für angebliche Leistungen auf, die weder in Auftrag ge-

geben noch vollbracht wurden. Sie inszenierten damit eine „Schuldenkrise" und die Zahlungsunfähigkeit Ägyptens. Daraus leiteten sie die Berechtigung ab, in Ägypten mitzuregieren.[20]
In der Schuldensache hat die ägyptische Seite zahlreiche Nachprüfungen durchgeführt und offizielle Noten erstellt. Einwandfrei widerlegten die Ägypter die Haltbarkeit der anglo-französischen Forderungen. Zahlreiche Memoranden wurden sorgfältig ausgearbeitet und mit detaillierten Anlagen dokumentiert. Die anglo-französischen Forderungen erwiesen sich als völlig unbegründet. Die beiden europäischen Staaten konnten sie weder überzeugend begründen noch die amtlichen Berechnungen Ägyptens entkräften. Die Europäer ignorierten einfach das umfangreiche Material, das von Ägypten ausgearbeitet und den englischen und französischen Vertretern offiziell übergeben wurde.

3. Die Nationale Partei forderte die Befreiung des ägyptischen Staates von der ungerechtfertigten Außenverschuldung, dem erzwungenen Schuldendienst und damit von der imperialistischen „Tributpflichtigkeit".
4. Das ägyptische Volk forderte ferner die Nationalisierung der Armee, d.h. die Entfernung von osmanischen und europäischen Generälen und hohen Offizieren aus der Armee.
5. Weitere Forderung war die Einführung einer demokratischen Verfassung sowie die Durchführung einer Erziehungs- und Verwaltungsreform.

Der ägyptischen antiimperialistischen Revolution war ein großer Durchbruch gelungen, als sie 1881 Neuwahlen erzwingen konnte. Aus den Parlamentswahlen im Dezember 1881 ging die Nationale Partei als eindeutiger Sieger hervor. Gerade dieser Erfolg bei der Demokratisierung Ägyptens war es, der den unmittelbaren Anlaß für die ein halbes Jahr später eintretende militärische Intervention Englands bildete.

1879-1882: Nationale Volkserhebung und Volksaufstand in Ägypten unter Führung von Aḥmad ʿUrābī.

---

[20] Frankreich und England stellten Ägypten fingierte Rechnungen in Verbindung mit dem Bau des Suezkanals auf. Die ägyptische Regierung konnte die Unhaltbarkeit dieser Forderungen beweisen. Trotzdem ließen sich England und Frankreich die geforderten Beträge durch ihre Minister im ägyptischen Kabinett an London bzw. Paris überweisen. Außerdem eigneten sich Frankreich und England die Suezkanal-Aktien unrechtmäßig an. Unter Premierminister Disraeli (1804-1881) wurde England zum größten Aktionär des Suezkanals, das zusammen mit Frankreich mit den Aktien handelte. Auf Kosten des ägyptischen Volkes kamen England und Frankreich in den Besitz ungeheuren Reichtums.

England und Frankreich hatten die Rückendeckung anderer europäischer Staaten. England, Frankreich, Deutschland und Rußland waren sich einig, eine militärische Invasion Ägyptens durchzuführen. Sie legitimierten den reaktionären Marionettenkönig Tawfīq und schoben ihn vor, um ihre militärische Präsenz zu stärken und anschließend zu intervenieren.

All europäischen Versuche, Ägypten zunächst indirekt zu beherrschen, waren eindeutig gescheitert. Die im Februar 1882 gebildete nationale Regierung, der Aḥmad ʿUrābī als Verteidigungsminister angehörte, nahm die Umsetzung des Programms der Nationalen Partei, mit dem sie zur Wahl angetreten war, sofort in Angriff. Sie begann damit, die Kolonialbeamten aus den Spitzenpositionen des Staatsapparates zu entlassen. Die neue Regierung leitete breite demokratische und soziale Reformen ein. Der Enthusiasmus im Volk für den neuen Staat war sehr groß.
Ägypten legte ferner ein umfassendes Programm für den Weltfrieden, den gütlichen Austausch und die Zusammenarbeit unter allen Staaten vor.

Als deutlich erkennbar wurde, daß England nicht auf die Forderungen des ägyptischen Volkes einzugehen gedachte, kam es in Ägypten zur Volkserhebung. Der nationale Widerstand wurde landesweit ausgerufen. Sehr schnell wuchs die bereits seit 1879 bestehende Bewegung zum antiimperialistischen Volksaufstand. Die die Revolution tragenden Kräfte waren vielschichtig.
Die Parteien waren treibende Kräfte. Die Basis der revolutionären Bewegung bildeten die Arbeiter und Arbeiterinnen der Großindustrie, die seit Muḥammad ʿAlī bestand. Diese mußten zusehen, wie die nationale Produktion einschließlich ihrer eigenen Arbeitsplätze zerstört wurde. Zu nennen ist außerdem die Bauernschaft, welche den Zugriff Englands auf die Agrarwirtschaft und seine Monokulturpläne zurückschlagen wollte. Die traditionell leitenden Würdenträger der islamischen und koptischen (christlichen) Geistlichkeit ordneten sich als geistige Stütze in die ersten Reihen ein, womit bekundet wurde, daß das ganze ägyptische Volk mit all seinen Schichten und Fraktionen die englische Aggression verurteilte und den sofortigen Rückzug der Invasoren forderte. Die Bewegung war von allen sozialen Klassen getragen, ein kraftvoller Ausdruck der nationalen Einheit. Führend in den Städten waren Intellektuelle und patriotische Offiziere. Vertreter aller Gemeinschaften und sozialen Gruppen standen an der Spitze des Aufstands, um damit zu signalisieren, daß das ägyptische Volk geeint die Revolution trägt.
Das Regime Tawfīqs und die Kompradoren waren total isoliert.

Die Aufständischen forderten die bedingungs- und vorbehaltlose Beendigung der anglo-französischen Intervention und Einmischung in die inneren Angelegenheiten Ägyptens. Die europäischen Staaten wurden aufgefordert, die Unabhängigkeit und Souveränität anderer Völker anzuerkennen und zu achten.

Genau das war es jedoch, was Europa nicht wollte: weder die Stabilisierung Ägyptens noch den Weltfrieden. Als Antwort auf die legitimen Forderungen des ägyptischen Volkes und Staates gab England die Parole aus: Ägypten muß zerschlagen werden, offiziell „Ruin of Egypt“. Wenige Monate nach den Wahlen und den großen demokratischen Errungenschaften am Nil griff England Ägypten an.

10. Der englische Imperialismus und die Invasion Ägyptens „Ruin of Egypt" (2)

Wir greifen noch einmal das Thema „Ruin of Egypt" auf. Die Gründe dafür hängen einmal mit der Aktualität der imperialistischen Politik noch heute zusammen, zum anderen mit der besonderen Bedeutung dieses historischen Abschnitts, zum dritten, um aufzuzeigen, wie imperialistische Gesellschaften über dem Ruin anderer Völker entstehen. Nicht zuletzt auch deshalb, um den historischen Kontext und die besonderen Zusammenhänge aufzuzeigen.

Die Aggression Englands gegen Ägypten unter der Parole „Ruin of Egypt"

Im Juli 1882 stationierte England seine Flotte sowie große militärische Einheiten vor der Mittelmeerküste Ägyptens. Am 15.07.1882 wurde das Feuer auf das ägyptische Volk und seine nationalen Errungenschaften eröffnet. Pausenlos wurde das Land zwei Monate lang bombardiert. Die Hafenstädte Abū-Qīr und Alexandrien wurden in Schutt und Asche gelegt. Trotzdem konnten die englischen Aggressionstruppen nicht landen, da die Widerstandsfront auf ägyptischer Seite sehr stark war.

England suchte sich eine militärische Lücke, von der aus es in Ägypten eindringen könnte. Es verlegte Truppen von der nordwestlichen zur nordöstlichen Seite Ägyptens. Unter Bruch des völkerrechtlich garantierten Status des Suezkanals, der es verbietet, die Wasserstraße für militärische Zwecke zu nutzen, brachte England hochgerüstete Soldaten und schwere Kriegsmaschinen ans Land. Die Menschen wurden von der Landung englischer Truppen durch den Suezkanal überrascht.

Die ägyptischen Truppen, unterstützt von der Bevölkerung, leisteten ebenso tapferen wie verlustreichen Widerstand. In der Entscheidungsschlacht bei *at-Tall al-Kabīr* konnte die englische Armee erst siegen, nachdem sie massive Verstärkung an Soldaten und Munition aus England erhalten hatte. Am 13. September 1882 erlitten die ägyptischen Verteidigungstruppen bei at-Tall al-Kabīr eine Niederlage.

Einen Tag später marschierte die englische Armee in Kairo ein und nahmen Position im Hof des Khediven Tawfīq. Von diesem ließ sich England eine formelle Bestellung zur Intervention geben. Daraufhin konnten englische Truppen in großem Umfang Schlüsselpositionen in Ägypten besetzen. England erklärte Ägypten für besetzt.
Die Invasoren erhielten von London weitere Verstärkung an Soldaten und Kriegsmaterial. Die direkte militärische Intervention Englands wurde begleitet von massiver Bombardierung zunächst der Hauptstadt Kairo, dann anderer Städte. Die englischen Truppen marschierten in das Landesinnere Ägyptens. Ein Ziel war, die Sprengung von Produktionsanlagen fortzusetzen. Begonnen wurde mit der Schwerindustrie und der Großproduktion. Es folgte die Bombardierung der zivilen Industrie, insbesondere der Baumwollverarbeitung und der Textilbranche.

Das von der englischen Regierung unter Premierminister Gladstone (1809-1898) vorab definierte Angriffsziel „Ruin of Egypt" wurde in radikalster Weise umgesetzt. Die Bombardierung hat die ägyptische Wirtschaft und Industrie nachhaltig zerschlagen.

Nach der Besetzung Ägyptens im September 1882 setzte die englische Armee die geplante Zerstörung der Industrieanlagen fort, soweit dies nicht schon während der Aggressionsphase geschehen war. In einer noch nie dagewesenen Weise wurde das Prinzip der verbrannten Erde praktiziert. Sechs Monate lang bombardierten englische Marine und Landtruppen die ägyptische Produktion und Infrastruktur. Mit dem „Ruin of Egypt" ging die Schließung von Parlament, Schulen und Hochschulen einher. Nach dem Willen Londons sollte Ägypten keine Industrieproduktion mehr besitzen, sondern nur noch als Baumwollmonokultur weiterbestehen. Einer der Kriegstreiber und wichtiger Financier von Militärkrediten war Baron Rothschild, ebenfalls ein Großaktionär des Suezkanals.
Mit der Zerstörung einher ging der Kulturraub. Großräumig hat England jahrtausendealte Kulturgüter über Flotten nach London verfrachtet. Ein Besuch im Britischen Museum, wo nur ein begrenzter Teil des Kulturraubs ausgestellt ist, vermittelt einen Eindruck vom Umfang der Beute. Englische Truppen richteten Massaker an Bauern und Städtern an.

ʿUrābī und andere überlebende Kampfgefährten wurden festgenommen. Auf ihrer Reise ins Exil auf Ceylon, heute Sri Lanka, wurden sie bei Zwischenaufenthalten von Anliegerstaaten immer wieder von Menschenmassen als große Führer des antiimperialistischen Kampfes begrüßt. Mit großem Enthusiasmus fanden zu ihren Ehren Kundgebungen vor den englischen Schiffen, welche die gefangenen Revolutionäre entführten, statt. Die englischen Generäle und Offiziere wurden als Massenmörder und Räuber angeprangert. Englischen Truppen war es nicht möglich, die demonstrierenden Massen und die internationale Solidarität mit dem ägyptischen Volk und seinen aufständischen Führern zu verhindern. Nur mühsam konnten sie die unfreiwillige Reise mit den ägyptischen Patrioten fortsetzen. Nach den Erfahrungen an der arabischen Halbinsel und in iranischen Häfen mußten die Engländer in Indien und Ceylon eine Nachrichtensperre über ihre Ankunftszeiten verhängen und Umwege im Arabischen Meer und Indischen Ozean vornehmen, um die Führung der ägyptischen Revolution bis ins Exil zu bringen. Doch auch in Indien und auf Ceylon ging der Protest gegen die englische Gewalt weiter.

Es bot sich ein wunderbares Bild. Völker des Südens wußten sich mit dem revolutionären Ägypten einig. Nicht die Freiheitskämpfer, sondern das englische Militär war gefangen. Es konnte die eigenen Schiffe nicht verlassen.
Selbst in Europa hat es breite Solidarität mit dem ägyptischen Volk gegeben. Deutliche Solidaritätsbekundungen fanden in Griechenland, auf dem Balkan, auf der Iberischen Halbinsel und in Frankreich statt.

Die Invasion Ägyptens durch England 1882 löste weltweit Proteste aus. In Ägypten selbst und im Sudan begann ein neues Stadium des antiimperialistischen Kampfes. Männer und Frauen organisierten den Widerstand. Aus der Kampfrealität sind hervorragende Widerstandsformen entstanden. Exemplarisch seien der Untergrundkampf und der zivile Ungehorsam genannt.

Auch in fernab gelegenen Ländern bis nach Südost-Asien, in Afrika, Süd- und Mittelamerika solidarisierten sich die Menschen mit dem Aufstand des ägyptischen Volkes gegen Aggressionen und Invasion. Die ganze Welt sagte „Nein“ zu Kolonialismus und Imperialismus. Am stärksten waren die Manifestationen der Solidarität in den Dreikontinenten.

Der „Ruin of Egypt“ wurde seitdem zum Symbol des unzerbrechlichen Freiheitswillens der Völker, aber auch des europäischen Staatsterrors. Er signalisierte den Verlust menschlicher Werte in den imperialistischen Ländern.

Auch nach der Niederschlagung des *ʿUrābī-Aufstandes* konnten die britischen Besatzungstruppen in Ägypten nicht sicher Fuß fassen. Sie waren gezwungen, sich vier Jahrzehnte lang (bis 1922) in schwerbewaffneten Kasernen versteckt zu halten.

Das erste Ziel der englischen Invasion Ägyptens war, wie gesagt, der buchstäbliche „Ruin of Egypt“. Das zweite trat schon bald in Erscheinung: nach dem Marsch durch Ägypten und Nubien greifen die englischen Truppen nunmehr den Sudan an.
Die Analyse zeigt, daß das Ziel der Zerschlagung Ägyptens vom Imperialismus mit großer Priorität betrieben wurde, denn davon hing seine Expansion in Afrika und Asien ab. Andererseits erkannten sie auch, wie gefährlich dieses Abenteuer sein wird.
Das Anwachsen der nationalen Bewegung in Ägypten führte seit 1815 zur stärkeren Annäherung unter den europäischen Staaten. Sie erkannten, daß sie ohne die Zerschlagung Ägyptens ihre kolonialistischen Pläne in Afrika und Asien nicht realisieren können.

Nach dem Scheitern der französischen Invasion Ägyptens (1798-1801) und nach Waterloo[21] versuchten die europäischen Staaten gemeinsame Pläne zur Zerschlagung Ägyptens aufzustellen. Auf dem Wiener Kongreß (1815) wurden schon erste Ansätze angelegt. Auf dem Berliner Kongreß von 1878 haben dann England und Frankreich versucht, der geplanten Aggression gegen Ägypten einen allgemein europäischen Charakter zu geben. Das gelang nicht. Auf der einen Seite wollte jeder Staat allzu gern Anteil an der Beute haben, auf der anderen Seite mußte jeder mit dem Widerstand der Völker rechnen. Die Mitgliedsstaaten des Kolonialkongresses 1878 zogen sich einer nach dem anderen aus dem direkten Aggressionsplan zurück. Auch scheinbar mächtige Staaten wie Rußland und Österreich überließen aus realistischer Einschätzung das Kriegsfeld Ägypten anderen. Rothschild blieb auf Kriegskredite, von welcher Seite auch immer, jederzeit ansprechbar.

Der Kolonialkongreß von 1878 hat gezeigt, wie sehr die beteiligten Staaten bemüht waren, innereuropäische Widersprüche zurückzustellen, um das imperialistische Projekt realisieren zu können. Jeder wollte Ägypten am liebsten allein besetzen, zum einen um seiner selbst willen, zum anderen als Tor in die arabische Welt und nach Afrika. Jeder aber wußte, wie gefährlich das militärische Abenteuer „Ägypten“ sein würde. Nach der bitteren Erfahrung von 1798 herrschte in Frankreich ein Ägypten-

---

[21] Die Schlacht von Waterloo am 18.06.1815 ist dokumentiert im „Wellington-, Napoleon-Museum“ im heutigen Waterloo.

syndrom. Es war aber bereit, es gemeinsam mit England noch einmal zu versuchen.

Stark war auch das deutsche Interesse. Darum wandten sie sich an Deutschland, mit der Vorstellung eine Dreier-Aggression zu führen. Daß Deutschland beteiligt werden sollte, entnehmen wir der Korrespondenz zwischen Gladstone und Bismarck.

Am Vorabend des vorgesehenen Termins trat Deutschland von dem militärischen Abenteuer gegen Ägypten zurück. Danach wurde es auch Frankreich zu gefährlich und es zog sich seinerseits zurück. Auch für England wäre es entschieden besser gewesen, dem Rat Disraelis (1804-1881), wahrlich kein Vertreter der Völkerfreundschaft, zu folgen („Kolonien sind Mühlsteine an unserem Hals"). Am 15. Juli 1882 schließlich griff England Ägypten alleine an.

Weder Deutschland noch Frankreich gaben aber ihre kolonialistischen Absichten prinzipiell auf. Vielmehr suchten sie sich realistischere Ziele. Sie zogen es vor, einen eigenen Weg zur Durchsetzung ihrer Ambitionen im arabischen Raum, in Afrika und Asien zu gehen.[22]

Von großem Interesse ist an dieser Stelle die Vergegenwärtigung der internationalen politischen Lage. Die Weltöffentlichkeit insgesamt gesehen verurteilte den Kriegsplan gegen Ägypten. Als England seine Aggression doch durchführte, wurde der Krieg noch härter verurteilt und angeprangert. Die Menschheit sehnte sich nach Frieden und hoffte sehr, das ersehnte Ziel bald realisieren zu können. Die englische Aggression war für alle eine bittere Enttäuschung und wurde als ungeheure Provokation empfunden. Zum einen führte England seine Aggressivität und Brutalität zur Schau, zum anderen war die englische Invasion ein schwerer Schlag gegen den Weltfrieden

Der konsequente, opferreiche Widerstand des ägyptischen Volkes war entscheidend für die steigende internationale Solidarität. Mit zunehmender Länge des Krieges, des Besatzungsstatus und der immer brutaler werdenden Aggressivität Englands gegen das ägyptische Volk wuchs die antiimperialistische Front weltweit.

---

[22] Georges Clemenceau (1841-1929), Führer der Radikalen Linken in Frankreich, sprach sich gegen jegliche militärische Intervention aus, weil sie die Feindseligkeit der arabischen Völker gegen die europäischen Aggressoren schüren würde. Daraus könne Deutschland Vorteile schlagen.

In England selbst galt die Regierung Gladstone's (Nachfolger Disraeli's) als friedensbrüchig. Sie geriet immer mehr unter öffentlichem Protest. England versprach einen Blitzkrieg. Er dauerte nicht wenige Tage, sondern ganze sechs Monate. Der sog. „britisch-ägyptische Krieg" ist historisch deshalb von großer Bedeutung, weil er die Spaltung der Welt in das imperialistische Lager und das des unterdrückten, ausgebeuteten Südens sichtbar in Erscheinung treten ließ.

Wir sprechen über den „Ruin of Egypt" in dieser Betonung aus den folgenden Gründen:

1. Um an einem Beispiel aufzuzeigen, wie die europäische Geschichtsschreibung die Geschichte manipuliert, um das reale Bild des Kolonialismus zu kaschieren. Europäische Verbrechen gegen die Menschlichkeit werden im Schulbuch und Lehrwerk ignoriert, verfälscht oder verharmlosend dargestellt.
2. Zweitens sprechen wir über den „Ruin of Egypt" wegen der Aktualität dieser barbarischen Politik noch im einundzwanzigsten Jahrhundert.
   Der aktuelle Bezug dieses Kapitels der Kriegsgeschichte ist nicht zu übersehen. Die Sensibilität der Weltöffentlichkeit gegen Aggression und Krieg war schon immer sehr groß. Auch heute schreit die ganze Welt nach Frieden, Gerechtigkeit und Freiheit für alle Völker. Man muß sich klarmachen, daß der augenblickliche Stand der US-NATO-Aggressivität keinerlei Rücksicht auf die Sehnsüchte der Menschheit nimmt. US-NATO-Staaten treten alle Normen des Rechts und der Ethik mit Füssen. Man will weder von der Geschichte lernen noch den Hoffnungen der Menschen Rechnung tragen. Die NATO-Interventionen und die Überfälle der deutschen Truppen, sog. „Humanitäre Einsätze der Bundeswehr", finden ohne wirksame Behinderung durch eine einheimische Antikriegsbewegung statt. Darum können Aggressionen geschehen. Medien, Manipulation und Gleichgültigkeit tragen jeden mit. Die NATO-Staaten brauchen deshalb keine großen Anstrengungen zu unternehmen, um ihre Aggressionen vor ihrer nationalen Öffentlichkeit zu rechtfertigen und in ihrem Heimatbereich Akzeptanz für ihre Kriege, zumindest Passivität der Bevölkerung zu erzeugen.
3. Wir werden nicht über alle kolonialistischen Aggressionen im einzelnen sprechen können. Der „Ruin of Egypt" eignet sich insofern als geeigneter Stellvertreter für alle kolonialistischen Interventionen.
   Die weitere Entwicklung zeigte nämlich, daß der englische Angriffskrieg nicht ein Schlußakt war, sondern das Gegenteil. Er öffnete den Europäern den Weg zur Invasion Afrikas und Asiens.

4. Ägypten war in Bezug auf Widerstand und Solidarität kein Einzelfall. In allen Ländern stießen die europäischen Aggressoren damals wie heute auf großen Widerstand der heimgesuchten Völker.

Nachdem Ägypten besetzt wurde, treten nun alle europäischen Staaten aus dem Hintergrund auf. Sie treffen sich wieder in Berlin. Es ist das Jahr 1884. Sie beteiligen sich alle am imperialistischen Projekt gegen den Süden. Dazu müssen sie ihre Aggressionen koordinieren und arbeitsteilig ihre Interventionen in die Dreikontinente durchführen.

11. Europa vereint sich zum totalen Krieg gegen Afrika (2)

I. Kongo- (sprich: Afrika-) Kongress, Berlin 1884
II. Der gesamteuropäische Angriff auf Afrika (1885)
III. Englische Invasionsversuche gegen den Sudan
IV. Charaktermerkmale des europäischen Kolonialismus

I. Kongo- (sprich: Afrika-) Kongreß, Berlin 1884

Zwischen dem „Ruin of Egypt“ und dem „Afrika-Kongreß“ besteht nicht nur ein kurzer Zeitraum, sondern auch ein unmittelbarer Zusammenhang. Seit langem lauert Europa auf den Augenblick, Ägypten zu zerschlagen, um Afrika überfallen zu können. Bis dahin stand Ägypten den Invasoren im Weg. Die Sicherheit Afrikas hing von einem starken Ägypten ab. Durch die englische Aggression waren die Kräfte des ägyptischen Widerstands im eigenen Land gebunden. Europa sah darin die ersehnte Chance: Der Weg nach Afrika ist offen.

Die Berlin-Konferenz lief offiziell unter dem Namen „Kongo-Kongreß“. Es handelte sich aber um eine Konferenz über Schwarzafrika, von dem man in Europa nicht viel wußte. „Kongo“ war ein Synonym für Schwarzafrika.
Vor der Aggression sollten die europäischen Staaten einige für sie entscheidende Fragen regeln:

1. Arbeitsteilung: Wer greift wen und wo an?
2. Die europäischen Streitkräfte vereinen sich gegen die Afrikaner unter Wahrung der in Berlin vereinbarten Gebiets- und Arbeitsteilung.
3. Die europäischen Armeen sollen in Afrika auf keinen Fall gegeneinander kämpfen. Sollte dieser Fall eintreten, müssen die beteiligten europäischen Regierungen sofort eingreifen und ihre Truppen entflechten.

Also teilten die europäischen Staaten 1884 zunächst Afrika unter sich auf. Der Prozeß der Aufteilung hatte im Prinzip schon auf dem ersten Berliner Kongreß 1878 stattgefunden. Damals war Ägypten jedoch zu stark, als daß Europäer seine Schutzfunktion für den afrikanischen Kontinent hätten ausschalten oder ignorieren können.

Die Aufteilung des afrikanischen Kontinents unter den Europäern erfolgte mit dem Lineal. Der Vergleich mit der Kuchentorte ist nicht abwegig. Erst hatten sich die großen Staaten ihren Löwenanteil gesichert, während die Kleinen am Katzentisch ihre Anteile geduldig abwarteten. Da in Europa die Einsicht in die Notwendigkeit der Einheit in bezug auf die koloniale Frage herrschte, hat man die, so wörtlich, „zu kurz gekommenen Staaten" auch zufrieden gestellt.
Die Aggressoren wußten viel zu wenig über Afrika, als daß sie sinnvolle, natürliche, kulturhistorisch gerechte Grenzziehungen hätten vornehmen können.

Allgemein irrt sich die Literatur, wenn sie die getroffene Einteilung gleichsetzt mit dem Beginn der ausländischen Einflußnahme auf die Opferstaaten. Wenn z.B. der Kongo beim Berliner Kolonialkongreß 1884 als „belgisch" erklärt wird, bedeutet das nicht, daß der Kongo tatsächlich belgisch geworden ist. Die Aufteilung reflektiert ein Wunschbild, das lange Zeit nicht umgesetzt werden konnte. Große Teile Afrikas wurden bis zum heutigen Tag nie besetzt. Gleichwohl gibt es in der Literatur Datierungen von der Art, Libyen sei seit 1878 italienisch. Diese und ähnliche Behauptungen sind Fiktionen. Libyen ist zwar 1878 derart eingeteilt worden, aber das ist nur auf dem Papier geblieben. Von 1878 bis 1911 konnte kein italienischer Soldat in Libyen landen. Auch nach 1911 hat Italien in Libyen nie wirklich Fuß fassen können. 1919 hat der italienisch-libysche Krieg begonnen, ohne daß Italien seitdem Libyen real unterjochen und beherrschen konnte. Für viele andere Staaten war es ähnlich.

Real haben sich die europäischen Armeen in Afrika nicht streng an die in Berlin 1884 getroffenen Vereinbarungen halten können. In den Fällen, wo es zu europäisch-europäischen bewaffneten Auseinandersetzungen kam, intervenierten die europäischen Hauptstädte rasch, um eine Eskalation zu verhindern und die Allianz der Aggressoren zu wahren.[23]

1885: Die Europäer sehen ihre Stunde gekommen. Die Menschheit wird in ihrer zivilisatorischen Entwicklung zurückgeworfen.
Wir konstatieren jedoch:
Afrika wird nicht so leicht erobert.
Zu dieser Feststellung formulieren wir einige Fragen:

---

[23] Quellen: Protocoles et Acte Général de la Conference de Berlin (1884-1885), éd. Brémen Mai 1884. Herausgegeben vom Übersee-Museum, Afrika Archiv, aus Anlaß von ‚Hundert Jahre nach dem Berliner Kongreß', ISSN 0344-4317, ISBN 3-88299-042-2.

- Wie stellt die europäische Literatur den gesamteuropäischen Überfall auf Afrika dar?
- Wie war es wirklich?
- Wie erklärt sich die Tragödie über Afrika?

Die Europäer mußten eine kühne Strategie entwickeln, um sich Angriffspforten nach Afrika zu öffnen. Aber sie konnten auch nicht strategisch kühn vorgehen. Die Analyse zeigt, daß die zunächst friedfertig aufgenommenen Europäer die Gastfreundschaft der Afrikaner nutzten, um ihre Gastgeber physisch zu liquidieren.
Meistens wurde das Vertrauen der Afrikaner übel mißbraucht. Die Europäer boten Versprechungen und Verträge an, die von den Afrikanern akzeptiert und peinlichst genau eingehalten wurden. Auf dem schwarzen Kontinent war der – mündlich oder schriftlich – geschlossenen Bund schon immer als heilig anerkannt und eingehalten. Seit Jahrhunderten war es üblich und selbstverständlich, daß ein Versprechen auf keinen Fall gebrochen werden darf. Genau dieses ursprüngliche menschliche Vertrauen haben die Europäer böse mißbraucht. Auch sonst waren Lügen, Betrug und Wortbruch ein europäisches Regelverfahren. Es hat ziemlich lange gedauert, bis sich die Afrikaner ein realistisches Bild von der europäischen Moral bilden konnten.

In der späteren Phase haben die Europäer direkt kriminelle Methoden angewandt. Strategisch neuralgische Punkte wurden besetzt, um die Karawanen zu überfallen und auszurauben. Was die Europäer nicht mitnehmen konnten, wurde in Brand gesteckt. Brunnen wurden verunreinigt, Hungersnöte künstlich erzeugt.
Die wiederholten Aggressionen machten Afrika bald zum Kontinent mit offenen Adern.

1885 haben die verschiedenen europäischen Staaten Afrika buchstäblich in Angriff genommen. Sie haben damit begonnen, die Kartographie, die 1884 auf dem Verhandlungstisch aufgestellt wurde, in die Tat umzusetzen.

Afrika wurde überrascht. Offensichtlich hat niemand in Afrika mit Kriegsverbrechen dieser Art gerechnet.
In anderer Hinsicht waren die Europäer ihrerseits in Afrika überrascht. Sie wurden mit einer Welt konfrontiert, die sie sich alle nicht vorstellen konnten. Sie wurden nicht feindselig, sondern extrem gastlich empfangen. Die Afrikaner rechneten nicht mit Aggressionsabsichten, sondern mit Besuchern. Im Vergleich zu den Aggressoren waren die Afrikaner moralisch, kulturell und menschlich weit überlegen. Sie waren auf die

europäische Aggression militärisch nicht vorbereitet gewesen, sonst hätten die Europäer in Afrika garnicht erst landen können.

Vor der Aggression haben die Europäer ihren eigenen Afrikaträumen selbst geglaubt. Sie fabrizierten Propagandabilder, die sie ihren Soldaten einprägten.

Man muß sich klarmachen, daß der Kontinent seit Jahrtausenden in Frieden lebte. Kriege waren längst als Barbarei und nicht menschengemäß geächtet. Für die Afrikaner waren Massaker und Völkermord schlicht unvorstellbar gewesen. Umgekehrt betrachteten die Europäer die Friedfertigkeit Afrikas als Wehrlosigkeit und nutzten sie schamlos aus.
Bald jedoch mußten die Europäer feststellen, wie sehr sie die Wehrfähigkeit der afrikanischen und arabischen Völker unterschätzt haben.

II. Der gesamteuropäische Angriff auf Afrika (1885)

1885 beginnt die europäische Invasion Afrikas. In einer unvorstellbaren Weise richten die Aggressoren Blutbäder an. Es werden Verbrechen gegen die Menschlichkeit verübt, über welche die Literatur, wenn überhaupt, nur andeutungsweise berichtet. Bis heute gibt es kein Buch, das befriedigend, gewissenhaft, wahrheitsgemäß und einigermaßen umfassend über die Gräueltaten der Europäer in Afrika schreibt.

Hauptquelle der europäischen Literatur sind die Berichte der Kolonialoffiziere und Beamten. Diese haben über ihre Verbrechen entweder überhaupt nicht oder nur beschönigend berichtet.

Arabische Autoren haben als Augenzeuge und Mit-Betroffene geschrieben. Vielfach sind ihre Schriften, zum Teil die Verfasser selbst, Opfer der kolonialistischen Politik der Spurenvernichtung geworden.
Mittlerweile haben afrikanische Staaten Museen eingerichtet, welche Geschichtslücken teilweise schließen. Die Universität Khartum hat schon lange damit begonnen, *Oral History* zu sammeln, auf Tonträger aufzunehmen und zu archivieren. Transkriptionen laufen langsam. Insgesamt ist die Geschichtsforschung durch afrikanische Wissenschaftler bestrebt, Geschichtslücken zu schließen. Der Weg ist lang. Persönlich bin auch ich bemüht, dazu beizutragen. Die Literaturlücke wird nicht rasch und wahrscheinlich nie vollständig abgedeckt werden können.
Ein Grund für den Rückstand sollte man mit der nötigen Sensibilität zur Kenntnis nehmen. Den Autoren fällt es nicht leicht, sich die eigene Lei-

densgeschichte zu vergegenwärtigen und literarisch noch einmal zu durchleben.

Die Täter hüten sich davor, ein wahrhaftiges Geschichtsbild zu liefern. Sie tun es vor allem nicht, weil sie ihre Verbrechen nicht zu gestehen bereit sind. Ein Besuch durch ein europäisches Museum oder ein Blick in ein Schulbuch oder Lehrwerk werden diesen Eindruck bestätigen. Was bisher geschrieben wurde, ist allenfalls als Konzession oder gar als Alibi gegenüber dem Kulturgedächtnis zu betrachten.
Kolonialberichte eignen sich nur in sehr begrenztem Maße als Quelle der Geschichtsforschung. Sie sind mit großer Skepsis zu benutzen. Brauchbare Hinweise gibt es nur dort, wo die Kolonialoffiziere ihren Auftraggebern Erfolgsmeldungen mitteilen, z.B. wie viele Afrikanerinnen und Afrikaner sie nach Europa oder nach Brasilien „verfrachtet" haben. Dazu wird der Gegenbericht genommen, wie viele tatsächlich am Zielhafen angekommen sind. Dies kann vor allem aus den Schiffslisten geschlossen werden. Daraus ist auch zu rekonstruieren, wie es auf den Schiffen ausgesehen hat. Trotzdem wird dadurch die Geschichtslücke nicht geschlossen.

1985 stand der afrikanische Kontinent plötzlich in Flammen. Ganze Dörfer wurden massakriert. Blut strömte überall. Afrikaner und Afrikanerinnen erhoben sich. Überall entflammte der Widerstand.

Die Aggressoren waren kulturell und moralisch auf sehr niedrigem Niveau, während die afrikanischen Völker hohe Ideale und ethische Werte besitzen. Gleichwohl prägen europäische Autoren heute noch Klischeebilder, die nur ihren Projektionen entsprechen: „Unterentwickelte", „Primitive" „Naturmenschen", „Völker ohne Geschichte". „Erst durch den europäischen Kolonialismus seien die Afrikaner erstmalig mit Zivilisation und Kultur in Berührung gekommen". Diese und analoge Sprachmuster gehören zur Afrikadarstellung im europäischen Sachbuch.

Das direkte Gegenteil ist richtig: Die Afrikaner standen auf einer sehr viel höheren Kulturstufe als Europa. Gleichwohl hütete Afrika weder Waffenarsenale noch rekrutierte es Armeen, weil dies inhuman und menschenfeindlich ist. Die Menschen im Süden gewöhnten sich an den Frieden, der seit Jahrtausenden ungestört herrschte. Konventionen und Vereinbarungen über den Weltfrieden bestanden ja schon seit der Urgesellschaft und wurden von der Völkergemeinschaft strikt eingehalten und hochheilig geachtet. Diese Tatsache vermisse ich in der europäischen Literatur. Sie indoktriniert das Gegenteil, um die eigenen Aggressionen als normal erscheinen zu lassen.

Die Tatsache, daß der Frieden etabliert war, erklärt, warum Afrika im 19. Jahrhundert weder Verteidigungsarmeen noch Waffenausrüstung besaß. Hätten die afrikanischen Länder mit einem Krieg gerechnet, hätte es für die Invasoren keine Chance gegeben.

In dieser Friedenseuphorie griff Europa Afrika an. Für den Kontinent beginnt die grausamste, blutigste Periode seiner gesamten Geschichte. Jedes afrikanische Land war Opfer eines europäischen Staats. Massen starben. Dorfgemeinschaften wurden massakriert. Wälder standen in Flammen. Die Kolonialisten raubten die Ernte und verseuchten Wasserquellen. Sie schnitten die Afrikaner von ihren Versorgungsressourcen ab und zerstörten ihre Lebensbedingungen. Die Afrikaner wurden nicht militärisch besiegt, sondern durch Verbrechen gegen die Menschlichkeit.

Eindeutigen Sieg erlangte aber zu dieser Zeit ***Äthiopien*** gegen die italienischen Invasoren. Seit 1882, besonders verschärft seit 1895, war das traditionsreiche Land einem kriminellen Krieg ausgesetzt. Nach verlustreichem Widerstand besiegte Äthiopien die barbarischen Aggressoren bei Adua. Italien wurde gezwungen, die Unabhängigkeit und Souveränität Äthiopiens anzuerkennen und den Vertrag vom 1. März 1896 zu unterschreiben.
Aufgrund der strategischen Überlegenheit und kühnen Führung des beliebten Königs Menelik II. (1889-1913) hielten sich die menschlichen Verluste auf äthiopischer Seite in Grenzen. Beim Widerstand gegen die italienischen Aggressoren haben die Äthiopier rund 1.000 Menschen verloren.

III. Englische Invasionsversuche gegen den Sudan

England war bei seinen wiederholten Versuchen seit 1882, den Sudan zu besetzen, gescheitert. Der Sudan hatte sich in einem sehr tapferen und opferreichen Widerstand 1885 von der kurzen, doch kriminellen englischen Besatzung befreit. Geführt wurde der Befreiungskampf von der Mahdīa-Bewegung. Der Aggressor England mußte 1885 den Sudan fluchtartig verlassen.
Der lange Krieg Englands gegen den Sudan durchlief unterschiedliche Stadien. Die Sudanesen gingen aus mehreren Schlachten siegreich hervor.
Durch Widerstandserfahrungen und moralische Stärke konnten die Sudanesen den heimgesuchten afrikanischen Völkern beistehen. Sie stellten ihnen Kämpfer und Waffen zur Verfügung. Der breite Widerstand mach-

te es den europäischen Aggressoren unmöglich, in das Innere des Kontinentes vorzudringen.

Eine Zeitlang sah es so aus, als würde in Afrika nach den grausamen europäischen Aggressionen Ruhe einkehren und Frieden etabliert werden. Nach ihren Niederlagen in den letzten Jahren des neunzehnten Jahrhunderts hatten sich die Europäer nur scheinbar zurückgezogen. Unterdessen waren sie fleißig dabei, in Europa Massenvernichtungsmittel und -waffen zu entwickeln.
Darüber hinaus erteilten die europäischen Staaten der Rüstungsindustrie die Weisung, besonders die Landlogistik militärtechnisch zu entwickeln. Seitdem spielte sie eine viel größere Rolle als bisher. Nach den Kriegsschiffen und vor der Luftfahrt-Ära kam es darauf an, den Schienenverkehr zu militarisieren.

Gegen den Sudan wird auch die Eisenbahn als Kriegslogistik eingesetzt. Über den kombinierten Nil- und Landweg brachte England durch die ägyptische Wüste heimlich Lokomotiven und Waggons bis an die Nordgrenzen des Sudans. Die Schienen waren flexibel und transportabel angelegt. Wenn der Zug eine Strecke zurückgelegt hatte, wurden sie für die nächste Strecke verlegt. Hinzu kam eine Reihe militärischer Erfindungen, auf die die Sudanesen nicht vorbereitet waren.

Außerdem wandte England bei seinen Aggressionen eine ambivalente Strategie an. Es beteuerte Friedenswillen und Freundschaft. Es setzte sich zu politischen Verhandlungen mit der sudanesischen Regierung zusammen. England wolle nichts anderes als Frieden und Kooperation. Die englische Seite zeigte nicht nur Einigungswillen, sondern vereinbarte mit den Sudanesen die Beendigung des langen Aggressionskriegs. Darauf gingen die Sudanesen ein und vertrauten dem Gegner.

Es war Freitag, der 2. September 1898. Mahdī der Große war schon 1885 gestorben. Sein Nachfolger war ʿAbd-Allāhi at-Taʿayši. Die englischen Truppen marschierten von Norden kommend und lagerten bei Kararī, wenige Kilometer nördlich Ummdurmāns. Die sudanesischen Kämpfer „*Anṣār*" kamen ihnen entgegen. Bewaffnet waren sie nur mit Flinten, Lanzen und Schwertern – sie besaßen keine Feuerwaffen.
Die Verteidiger trafen mit den Aggressoren auf der Höhe von Karari zusammen. Bei ihrer Ankunft schickten die Engländer eine militärische Abordnung unter weißer Fahne, die den Sudanesen ein Friedensangebot unterbreitete. ʿAbd-Allāhi at-Taʿayši hatte gegen die Empfehlung seiner Offiziere befohlen, die Kampfhandlungen gegen die englischen Invasoren

einzustellen, da friedliche Einigung höher zu bewerten sei als militärischer Sieg. Die englische Armeeführung hatte nämlich den Sudanesen Waffenstillstand und Frieden angeboten. Die Einzelheiten des Vertrags sollten erst am nächsten Morgen ausgehandelt werden.
Über Nacht wurden die Sudanesen überrascht. Genau in dieser Nacht griff die englische Armee an. Die Engländer richteten ein Gemetzel an den Widerstandskämpfern an. Es war kein Krieg, sondern ein Massaker.

Man soll sich davor hüten, sich über das friedfertige Verhalten der Sudanesen zu belustigen. Sie hätten den Europäern nicht trauen dürfen, sagt man. War es wirklich naiv, daß die Sudanesen vertrauensselig den Engländern glaubten? Mensch muß dies im geschichtlichen und kulturhistorischen Kontext sehen. Der Kontinent lebt seit Jahrtausenden im Frieden. Menschen zu töten war so gut wie unbekannt. Massenmord war absolut unvorstellbar. Scheinbar haben die Erfahrungen seit 1885 die uralte Friedensfestigkeit nicht radikal ausgerottet.

Der Sudan hatte bereits im Jahr 642 mit der damaligen Weltmacht, dem Kalifat, einen Friedensvertrag vereinbart, der seitdem konsequent und unverbrüchlich eingehalten wurde, also seit knapp 1260 Jahren. Frieden und Vertragstreue waren für die Sudanesen selbstverständlich. Die Sudanesen glaubten deshalb auch im Jahr 1898 den Engländern. Sie vertrauten darauf, daß am nächsten Tag die Einzelheiten des Friedens ausgehandelt würden.

Bei dem Gemetzel der Engländer wurde zuerst das sudanesische Waffendepot vernichtet, danach die sudanesischen Soldaten umgebracht. Die Schlacht war militärisch bereits für England gewonnen. Nach dem militärischen Sieg führte die englische Armee die Annihilation durch. Die Sudanesen hatten kapituliert, aber England führte den Massenmord an ihnen weiter. Alle sudanesischen Soldaten, die nicht gefangen genommen wurden, mußten bis zum letzten Mann sterben. Es war keine militärische Auseinandersetzung, kein Krieg. Die Engländer berauschten sich an ihrer Schlachtorgie und setzten den Vernichtungskrieg an der Zivilbevölkerung fort.

Unter den Sudanesen war trotz allem keine Panik ausgebrochen. Kein einziger Soldat war geflohen. Bei dieser Entscheidungsschlacht waren die Verluste auf sudanesischer Seite:
12.000 Tote,
16.000 Verletzte und
5.000 Gefangene.

Mit 33.000 Soldaten waren die Sudaner angetreten. Die Verletzten sind deshalb nicht umgekommen, weil sie unter den Leichen lagen. Die englischen Massenmörder konnten nicht erkennen, daß sich unter ihnen auch Lebende befanden. Nach der Schlacht erlagen viele der Verwundeten ihren Verletzungen.
England wollte keine Gefangenen machen. Es hatte vorab 5.000 Soldaten gefangengenommen. Diese wurden als Geiseln zur Erpressung der Sudanesen benutzt.

Als ich hundert Jahre später selber Karari, den Ort dieser Schlacht, besuchte, wurde ich von ungewöhnlichem Entsetzen überfallen. Dieses Erlebnis bleibt mir bis heute gegenwärtig.

Einer der englischen Offiziere, die am Massaker von 1898 teilgenommen hatten, betätigte sich später literarisch. In seinem Buch konnte er über die Tapferkeit und den Mut der sudanesischen Kämpfer nur mit großer Hochachtung berichten. Im Anschluß an seine militärische Laufbahn als Kolonialoffizier machte er politische Karriere bis zum Kolonialminister, dann zum englischen Premierminister, der auch den Nobelpreis für Literatur (1953) erhielt(!). Dieser Offizier, Winston S. Churchill, schreibt über die Entscheidungsschlacht gegen den Sudan („Battle on the Nile"). Mit betontem Respekt zollt er den sudanesischen Kämpfern Bewunderung über Standhaftigkeit und Kampfmoral. Er bescheinigt ihnen Ritterlichkeit und Opferbereitschaft für die Freiheit ihres Vaterlandes. Ganz besonders hebt Churchill das menschliche und überaus soziale Verhalten der Sudanesen hervor. „Sie sind unterlegen – von der modernen Kriegsmaschinerie –, aber nicht besiegt worden", schreibt Churchill.[24] Indes sieht Churchill keinen Grund, den englischen Angriffs- und Besetzungskrieg gegen den Sudan zu verurteilen, geschweige denn Wiedergutmachungsbereitschaft zu bekunden. Überhaupt sieht er keinen Grund dafür, Gewalt und Unrecht zu verurteilen.
Die Tragödie des Afrikas besteht im Weiteren darin, daß auch heute noch nirgends im imperialistischen Europa auch nur das geringste Schuldbewußtsein oder Unrechtsgefühl für die von ihnen verursachte blutige Geschichte existieren.

IV. Charaktermerkmale des europäischen Kolonialismus

Europäische Autoren, die wohlwollend zuzugeben bereit sind, daß sich Europa kolonialistisch betätigt hat, versäumen es in der Regel nicht, ihrem Statement eine Rechtfertigung nachzusetzen. Die Vorbehalte reichen

[24] Winston S. Churchill, The River War, London 1899.

von „Man muß ja auch die Vorteile des Kolonialismus für die eroberten Länder anerkennen" *über* „Ja, Europa war eine Zeitlang kolonialistisch. Vor ihm aber, waren es andere Kolonialreiche" *bis* „Krieg und Kolonialismus hat es schon immer gegeben".

Gegen diese und andere Schutzbehauptungen halten wir es für nötig, die Tatsache herauszustellen, daß der europäische Kolonialismus einschließlich der USA gewisse Merkmale aufweist, welche ihn gegen Reichsbildungen zuvor deutlich abheben.

Es trifft zu, daß die europäische Geschichte eine Geschichte der Aggressionen nach innen und nach außen darstellt. *Die europäische Geschichte ist Kriegsgeschichte.* Seit früher Staatenbildung in Europa bis heute praktiziert es Aggression und Krieg als Lebens- und Produktionsweise. Diese Feststellung bezieht sich auf die europäischen Mächte, nicht jedoch auf die europäischen Opfer dieser Mächte.

Dieses Geschichtsbild Europas darf nicht auf die übrige Welt übertragen werden. Eigentlich lebte die Menschheit zum größten Teil in Frieden und Sicherheit.

Kriege hat es auch außerhalb Europas gegeben, dennoch ist „Krieg" ist nicht gleich „Krieg".
Es ist ein großer Irrtum „Reichsbildung" und „Kolonialismus" gleichzusetzen.
Unrichtig ist ferner „Eroberung" gleichzusetzen mit „Aggression", „Invasion" und „Genozid".

Beispiele:

a) Die Pharaonen beherrschten ein Weltreich, ohne daß es zum Nachteil der Völker außerhalb Ägyptens kam. Im Gegenteil! Die im Reich vereinten Völker sahen darin ihre eigenen Vorteile. Aus der erhaltenen Korrespondenz des Neuen Reiches erfahren wir z.B., wie die Länder östlich des Mittelmeers an den Pharao mit der Bitte appellierten, einzugreifen, um Bedrohung und Gefahr abzuwenden.
Das pharaonische Reich währte über dreitausend Jahre. Die ununterbrochene Kontinuität über lange Zeiträume spricht für die Stabilität im ganzen Reich. Unruhen hätten das Reich erschüttert und seinen Niedergang herbeigeführt.
b) Der arabisch-islamische Staat regierte über das größte Weltreich, das die Geschichte je gekannt hat. Seine lange Dauer spricht für die Akzeptanz, die er in allen Teilen des Kalifats erfahren hat. Bekannt ist,

daß unterschiedliche autonome oder gar selbständige Staaten die Hoheit des Kalifats auch dann anerkannt haben, wenn sie es nicht mußten.

Die Festigkeit und Langzeitgeschichte des arabisch-islamischen Weltreiches sind darauf zurückzuführen, daß es sich von den Prinzipien „Egalität" (musāwa), Vernunft und Gerechtigkeit („ʿaql wa ʿadl") leiten ließ. Bei den großen Entfernungen im Reich ist festzustellen, daß das Zentrum der Macht nicht wesentlich reicher war als die übrigen Regionen und die Peripherie. Oft war es sogar umgekehrt.

Die Völker und Länder erkannten die Vorteile der Großreichbildung. Das Kalifat ist der historische Initiator der Ökonomie in großen Wirtschaftsräumen. Offene Grenzen (fatḥ), Sicherheit auf den Fernstraßen, einheitliche Sprache und Währung sowie Freizügigkeit konnten allen Völkern zugute kommen. Separatistische Bewegungen waren, wenn überhaupt, eine große Ausnahme. Die Regel war der Wille zur Gemeinsamkeit und Einheit.

Mit diesen historischen Erfahrungen im Kopf kommen wir zum europäischen Kolonialismus zurück. Sowohl Portugal, als auch Spanien, Deutschland, Österreich, Frankreich, England, Holland, Belgien, Italien und die USA weisen Gemeinsamkeiten auf, die sich bei jeder dieser Mächte wiederholen, wenn sie in die militärische Führung gelangen.

Das Bestreben zu Aggression und Invasion. Die Methode.

1. *Destabilisierung* des Opferlandes: Dieses wird politisch, ökonomisch und sozial destabilisiert.
2. *Pathologische Waffen und biologische Kriegsführung:* Einschleusung von Krankheiten und Epidemien, künstliche Erzeugung von Hungersnöten.
3. *Infiltration* und Penetration in das Zielland.
4. *Besetzung* von Schlüsselpositionen mit dem Ziel, die Lebensfähigkeit des Landes zu zersetzen. Ressourcen und Versorgungsanlagen werden zerstört.
5. *Besetzung* von strategisch wichtigen Positionen.
6. *Erschütterung:* Das Land wird soweit strukturell labilisiert, bis es sturmreif gemacht wird.
7. *Militärische* Besetzung des Opferlandes.
8. *Zerschlagung seiner Autarkie* und Selbstversorgung, damit es nicht selbständig bestehen kann und in die Abhängigkeit gezwungen wird.

9. *Desintegration* der Produktion. Die Autarkie wird in *Monokultur* umgewandelt.
10. *Akkulturation* auch durch Einsatz von Gewaltmitteln.
11. *Divide et impera:* Der europäische Kolonialismus ist Erfinder der Methode „Spalte und herrsche!". Sie ist das genaue Gegenteil von Einheit.

Folgende Merkmale charakterisieren den europäischen Kolonialismus.

Der Imperialismus hat sämtliche ethischen Konventionen, welche die Menschheit im Verlauf von Jahrtausenden entwickelt hat und für heilig und unerschütterlich hielt, außer Kraft gesetzt. Der kolonialistische Staat zeichnet sich durch den Verlust der politischen Moral und aller ethischen Werte aus. Der europäische Kolonialismus praktiziert seine eigenen Prinzipien:

1. *Aggressivität,* Destruktivität, Nekrophilie.
2. *Ungleichheit* der Völker.
3. R*assismus*: Die Europäer verstehen sich als Herrenrasse mit Anspruch auf Herrschaft über andere Völker.
4. *Militärischer Sieg* über ein Land bedeutet Katastrophe für das unterworfene Volk.
5. *Raub:* Handel treiben ist untergeordnet. Die Regel ist Ausplünderung, Raub, ungerechter Tausch.
6. *Verneinung der Gleichstellung* des unterworfenen Volkes mit den Eroberern. Privilegien für die kolonialistischen Bürger bei Diskriminierung der einheimischen Bevölkerung.
7. *Terror und Folter* werden gegen die Abwehrbereitschaft des unterworfenen Volkes angewandt.
8. *Sklaverei:* Die Europäer führten die Kopfjagd, den Menschenhandel und die Versklavung anderer Völker ein. Der Sklavenhandel mit Afrikanern seit dem fünfzehnten Jahrhundert ist menschheitsgeschichtlich völlig neuartig. Beteiligt am Sklavenhandel waren Portugal, Spanien, Frankreich, England, Deutschland und die USA.
9. *Annihilation:* Blutvergießen, Genozid und Völkermord sind historisch praktisch ausschließlich von europäischen Staaten praktizierte Mittel.
10. *Prinzip der verbrannten Erde:* Dort, wo die europäischen Aggressoren keine Macht mehr über das Opferland haben und es verlassen müssen, hinterlassen sie zum Abschied verbrannte Erde.

Vor 1885 haben die Europäer schon vieles in Afrika zerstört, dennoch blieb der Kontinent insgesamt intakt. Am Vorabend der koordinierten gesamteuropäischen Aggression im Jahre 1885 florierte Afrika noch gesellschaftlich, wirtschaftlich, politisch und kulturell. Die eigentliche Katastrophe kommt über den schwarzen Kontinent erst ab 1885. Die Europäer richten unvorstellbare Verbrechen an, die bis heute noch nicht angemessen dargestellt wurden: Massaker, Ruin, Raub und Plünderungen ungeheueren Ausmaßes finden statt.

Ausgewählte Literaturhinweise zur Geschichte Afrikas

- Harding, L., B. Reinwald (Hg.), Afrika – Mutter und Modell der europäischen Zivilisation? – Die Rehabilitierung des Schwarzen Kontinents durch Cheikh Anta Diop, Berlin 1990.
- Loth, Heinrich, Afrika im Zentrum der alten Welt – Die historische Bedeutung eines Kontinents, Berlin 1990 (Dort: Quellen und Literaturverzeichnis SS. 231-259).
- Büttner, Th., H. Loth u.a., Geschichte Afrikas, 4 Bde. Berlin 1976-84.
- Afrika – Geschichte von den Anfängen bis zur Gegenwart, Autorenkollektiv, 4 Bände, erschien in: Akademieverlag, Berlin (DDR); Lizenzausgabe bei Pahl-Rugenstein, Köln 1979.
- Joseph Ki-Zerbo, Histoire de l'Afrique noire, Paris 1979; deutsch: Die Geschichte Schwarz-Afrikas, Frankfurt M. 1981.
- Khella, K., Der Sudan Englische Aggression und sudanesischer Widerstand, in Risāla 4 / 1999, SS. 10-61.
- Davidson, Basil, Vom Sklavenhandel zur Kolonialisierung – Afrikanisch-europäische Beziehungen zwischen 1500 und 1800, Reinbek bei Hamburg 1966.
- Protocoles et Acte Général de la Conference de Berlin (1884-1885), éd. Bréme Mai 1884.
  Herausgegeben vom Übersee-Museum Bremen, Afrika Archiv, aus Anlaß von Hundert Jahre nach dem Berliner Kongreß, ISSN 0344-4317, ISBN 3-88299-042-2.
- Kum'a Ndumbe III., Was wollte Hitler in Afrika? NS-Planungen für eine faschistische Neugestaltung Afrikas, Frankfurt am Main 1993.
- Wolf, Eric, Die Völker ohne Geschichte – Europa und die andere Welt seit 1400, Frankfurt am Main und New York 1991.
- Cheikh Ante Diop, Die kulturelle Einheit Afrikas.
- Cheikh Anta Diop, Civilisation ou barberie, Paris 1981; engl.: Civilization or Barberism – An authentic Anthropology, Brooklyn-New York 1991.

12. Entwicklungen nach 1900

Seit dem Beginn des 20. Jahrhunderts verstärken sich die Friedensinitiativen des Südens in der Hoffnung, mit den Europäern eine politische Lösung der kolonialen Frage zu erzielen. In Afrika, im arabischen Raum, in Indien und im übrigen Asien entfalten sich breite und intensive friedenspolitische Aktivitäten mit dem Ziel, Unabhängigkeit und Souveränität auf politischem Weg durch gütliche Verhandlungen und Vereinbarungen zu realisieren. Es hat sich jedoch gezeigt, daß die europäischen Staaten die Friedenshoffnungen und Verhandlungsbereitschaft der Völker nur für den Zweck nutz(t)en, die eigene Herrschaft und Ausbeutung hinauszuziehen.

Zahlreiche politische Aktivitäten für Unabhängigkeit und Freiheit haben die afroasiatischen Völker unternommen. Kongresse wurden einberufen, Resolutionen verabschiedet, Memoranden und politische Noten verfaßt. Diese Entwicklung mit ihren lebhaften Aktivitäten ist in der afroasiatischen und arabischen Presse der damaligen Zeit eindrucksvoll dokumentiert.

Die kolonialistischen Staaten haben diese Entwicklung nicht verhindern können. Sie versuchten, den Eindruck zu erwecken, sie strebten ebenfalls eine Regelung an und würden sich auf Lösungen der kolonialen Frage einlassen. Sie verstärkten die Illusion über eine gütliche Beendigung des Kolonialstatus.

Bei Ausbruch des europäisch-europäischen Krieges 1914 sind Frankreich und England ihrerseits initiativ geworden. Sie sind an die afrikanische und asiatische Seite mit folgenden Vorstellungen getreten: Im Angesicht des großen Kriegs in Europa ist der eigentliche Friedensstörer Deutschland, nicht Frankreich oder England. Die afrikanischen bzw. asiatischen Länder mögen Frankreich und England gegen Deutschland unterstützen, dafür bekämen sie am Ende des Krieges die Unabhängigkeit.

Nachträglich wissen wir, daß hinter den europäischen Kulissen ganz andere Szenarien geschrieben wurden. Aus damaliger Sicht ist es jedoch verständlich, wenn in Afrika, im arabischen Raum und in Asien der Glaube an eine politische Lösung der kolonialen Frage unerschüttert blieb.

Dieser Einstellung tut es keinen Abbruch, daß die afroasiatischen Staaten gelernt haben, daß die Europäer keine andere Sprache als die des bewaffneten Befreiungskampfes verstehen. Die Hauptseite der Unabhängigkeitsbewegungen blieben jedoch der politische Protest und die Mittel des zivilen Drucks.

Die „Nationale Partei" *al-ḥizb al-waṭanī*, welche in Ägypten 1879 gegründete und 1882 von England nach seiner Invasion Ägyptens verboten wurde, wirkte legitimerweise illegal weiter. Sie wurde von Mustafa Kamil 1907 als „neugegründet" wieder beantragt und legalisiert. Im letzten Drittel des 19. Jahrhunderts und in den ersten Jahrzehnten des 20. Jahrhunderts war sie immer eine große politische Kraft, besaß breiteste Popularität und stellte sich erneut an die Spitze der antiimperialistischen Bewegung. Der Ägypter Mustafa Kamil suchte in Europa u.a. noch vor der offiziellen Neugründung der Nationalen Partei Theodor Herzl (1860-1904) auf und verhandelte mit ihm, um ihm die Nachteile der Idee eines zionistischen Staates einsichtig zu machen und ihn von der Notwendigkeit des Friedens unter den Religionen, Konfessionen und Völkern zu überzeugen. Herzl selbst bezeugt in seinen Memoiren die Faszination, die Mustafa Kamil auf ihn ausübte. Doch schreibt Herzl weiter, wie er mit dem ägyptischen Politiker manövrieren will, um ihn hinters Licht zu führen.

Der europäisch-europäische Krieg (1914-1918) ist im Gange. Während in den Schlachten auf europäischem Boden Millionen Menschen sterben, einigten sich die Kriegsparteien auf eine arbeitsteilige Allianz gegen Araber und Afrikaner. 1919 verlegen England und Frankreich ihre Truppen von Europa in den Irak, nach Syrien und Ägypten, während Frankreich und Spanien ihre Aggressionen gegen Nordafrika verstärken. Die europäischen Imperialisten erzielen punktuelle Siege.[25]

---

[25] Ab hier siehe den Folgeband: Karam Khella, *Der Erste Weltkrieg und der Süden*, TuP-Verlag 2016

Karam Khella

Über den Krieg

Von den Kreuzzügen bis zur Invasion Afrikas und Asiens

Behandelter Zeitraum: 750-1885
ISBN 978-3-939710-03-5 138 Seiten 12 €
2. überarbeitete Auflage 2016

Der Erste Weltkrieg und der Süden

Mythen und Realität
Behandelter Zeitraum: 1885-1933
ISBN 978-3-939710-04-2 80 Seiten 10 €
2. überarbeitete Auflage 2016

Zweiter Weltkrieg

Geschichte und Legende
Behandelter Zeitraum 1933-45
ISBN 978-3-939710-05-9 200 Seiten 12 €
nur als Arbeitsmaterialien zu erwerben.

Überall, jederzeit, mit allen Waffen Imperialismus heute Krieg und Frieden

Behandelter Zeitraum: 1945 bis zur Gegenwart
ISBN 978-3-939710-06-6 406 Seiten 22 €
3. Auflage 2012

Chronik des Krieges

– seit einem Jahrtausend
ISBN 978-3-939710-23-3 74 Seiten 9 €
1. Auflage 2015

Risala

Zeitschrift für Theoriebildung, Geschichtsrevision und antiimperialistische Solidarität

Heft Nr. 5
Schwerpunkt: Imperialismustheorie
Länderberichte zu Afghanistan, Irak, Palästina, Kongo u.a.

15 €

Heft Nr. 6
Schwerpunkt: Irak

12 €

Heft Nr. 7
Schwerpunkt: Krieg

12 €

Heft Nr. 8
LügeMachtKrieg

16 €

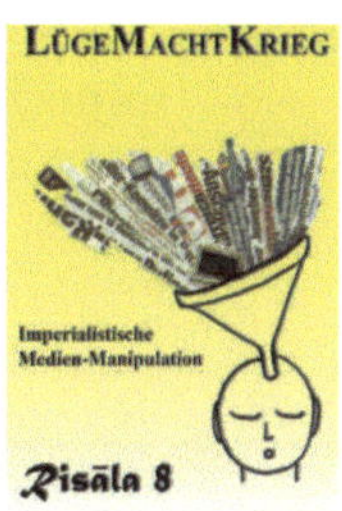

Zu bestellen über den
Theorie und Praxis Verlag
oder über die

Risala-Redaktion
Arbeitskreis Süd-Nord
info@aksuednord.org

Das ‚Bündnis gegen den Krieg – Hände weg von Syrien' aus Basel, Wien und Hamburg hat zusammen mit dem Theorie und Praxis Verlag eine

Ausstellung mit dem Thema ‚LügeMachtKrieg'

erstellt.

Die Ausstellung mit 25-30 Plakaten im DIN A1 (60x85 cm) Format ist für Ausstellungszwecke gegen geringe Gebühr zu verleihen oder alternativ als PDF-Datei zu bekommen.

Anfragen bitte über den TuP-Verlag,
info@tup-verlag.com
oder das Bündnis gegen den Krieg,
buendnis.gegenkrieg@gmx.net.

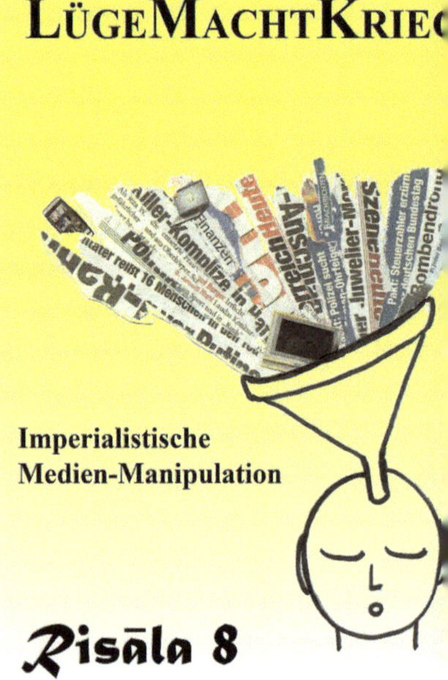

LügeMachtKrieg
Macht Lüge Krieg?
Ja, LÜGE-MACHT-KRIEG!
Aber die Lüge kann durchschaut,
die Macht kann gebrochen, der
Krieg kann verhindert werden.

Die gleichnamige **Risāla Nr. 8: ‚LügeMachtKrieg imperialistische Medienmanipulation'** weist in vielfältigen Beiträgen nach, dass es erst die Lüge braucht, um einen Angriffskrieg anzuzetteln.

Ausstellung und Buch geben dabei einen Blick hinter die Kulissen der Meinungsmacher, sie zeigen Muster der Manipulation auf und bringen Beispiele, wie der Krieg zuerst in die Köpfe eingepflanzt wird, um allen Widerstand gegen den Krieg zu blockieren.

Das Buch kostet 16,- €
und ist über den TuP-Verlag zu beziehen.